Kopenhagen

Hans Klüche

Diese Symbole im Buch verweisen auf den großen Cityplan!

DUMONT
direkt

Velkommen

15 x Kopenhagen direkt erleben

Zu Gast in Kopenhagen

Velkommen
Mein heimliches Wahrzeichen

›Die Kleine Meerjungfrau‹ aus dem Märchen H. C. Andersens ist Kopenhagens Wahrzeichen Nr. 1 und ziert in der Version, die Edvard Eriksen 1913 auf einen Findling an der Hafenpromenade setzte, Postkarten und Bildbände. Da ist die ›Genmodifizierte Meerjungfrau‹, die Björn Nørgaard für die Expo 2000 in Hannover schuf und die heute ein paar hundert Meter von ihrer liebreizenden Schwester entfernt im Wasser sitzt, gewöhnungsbedürftiger. Aber sie steht für das moderne, sich Klischees wiedersetzende Kopenhagen und für jene liebenswerte, augenzwinkernde, aber in der Gesellschaft tolerierte Form intelligenter Respektlosigkeit, der man in dieser Stadt oft begegnet und die sie so spannend macht.

Erste Orientierung

Kopenhagen – kompakte Metropole am Øresund

Am schönsten nähert man sich Kopenhagen am Morgen von See her, wenn die historischen Turmspitzen in den ersten Sonnenstrahlen eines neuen Tages im Wettstreit mit neuen Glasfronten moderner Architektur an der immer attraktiver werdenden Hafenfront aufglühen. Diesen Anblick erleben zu so früher Stunde vor allem Gäste der vielen Kreuzfahrtschiffe, die mit Dänemarks Hauptstadt einen der wichtigsten Anlaufhäfen in Europa haben. Andere Wege führen von der Autobahn durch moderne Dienstleistungsviertel ins Zentrum oder mit der Metro vom Flughafen vorbei am Amager Strandpark, wo Kopenhagen ganz Badeort ist.

Zwei ungewöhnliche Türme erlauben brillante Aussichten: Im Inneren des **Runde Tårn** dreht sich ein Spiralgang nach oben, den früher sogar Kutschen befuhren. Oben steht man dann mitten über dem Zentrum. Schwindelfreiheit braucht man auf dem Turm der **Vor Frelsers Kirke:** Eine äußere Wendeltreppe windet sich bis zur Turmspitze zu einem unübertroffenen Panoramablick.

Indre By (► F/G 5/6)

Indre By nennen Kopenhagener das Zentrum ihrer Stadt. Strøget, Mutter aller Fußgängerzonen, und ihr Ableger Købmagergade verbinden den quirligen **Rådhuspladsen** (► F 6), den herrschaftlichen **Kongens Nytorv** (► G/H 5) und die ständig von gehetzten Pendlern gefüllte Metro und S-Bahn-Station **Nørreport** (► F 4/5), drei Knoten des Nahverkehrs. Den braucht man kaum, denn viele Museen, Schlösser und Attraktionen sind bequem zu Fuß

Blick von der Vor Frelsers Kirke auf den Hafen und das neue Schauspielhaus

zu erreichen: Kopenhagen durfte erst im 19. Jh., als es das in die Stadt strömende Proletariat der frühen Industrialisierung nicht mehr fassen konnte, über seine mittelalterlichen Wallanlagen hinauswachsen. Aus den Befestigungen wurde eine Kette von Parks, darunter das weltberühmte **Tivoli.**

Die Brückenviertel

Vor den alten Wällen entstanden Arbeiterquartiere im Dampfhammertakt der Industrialisierung. **Østerbro** (▶ F/G 2/3) war immer etwas feiner, **Vesterbro** (▶ D 7) durchlebte als Rotlicht- und **Nørrebro** (▶ D/E 4) als Hausbesetzer- und »Chaoten«-Viertel wilde Jahrzehnte. Inzwischen ist es angesagt, in den Brückenvierteln zu leben. Mit dem Kiezbewusstsein entwickelten sich Szeneviertel mit alternativen Shops und innovativer Gastronomie.

Aufbruch am Hafen

Nirgendwo wirkt Kopenhagen bunter und charmanter als am Stichkanal **Nyhavn** (▶ H 5), der vom Hafen bis an den **Kongens Nytorv** heranreicht. An seinem Nordufer reihen sich Bars, Kneipen, Restaurants und letzte Relikte eines einst raueren Hafenmilieus zur längsten Theke der Stadt. Überhaupt entdeckte Kopenhagen in den 1990ern das gewaltige Potenzial seiner maritimen Seele. Als die Marine ihren Stützpunkt **Holmen** (▶ J 4/5) räumte, entwickelte sich auf den 50 ha mit rund 40 denkmalgeschützten Bauten ein kreatives Viertel mit Ausbildungsstätten, attraktiven Wohnungen und angesagten Locations. Markantestes Gebäude ist die neue **Oper.**

Königliches und Chaotisches

Als Residenzstadt der ältesten europäischen Monarchie besitzt Kopenhagen Schlösser verschiedenster Epochen. Die Royals residieren in Hafennähe auf **Amalienborg** (▶ H 4), während sich Legislative und Exekutive des modernen Staates **Schloss Christiansborg** (▶ G 6) als Sitz teilen: Im Ostflügel tagt das Parlament Folketing, die Regierung hat im Schloss ihren Sitz und die Königin Repräsentationsräume. Im Lande heißt der Koloss der Macht kurz ›Borgen‹, die Burg, und wurde durch die gleichnamige Erfolgsserie über politische Machtspiele im Staate Dänemark weltweit Fernsehzuschauern ein Begriff.

Keinen Kilometer entfernt pfeifen die Bewohner der frechen **Freistadt Christiania** (▶ J 6) seit über vier Jahrzehnten auf jede Obrigkeit – schrill, ungewohnt und beim Umgang mit weichen Drogen immer etwas illegal, aber neben Tivoli und Meerjungfrau eine der meistbesuchten Attraktionen der Stadt.

Tradition trifft Moderne

Christiania liegt schon jenseits des Hafens. Der trennt als Sund das große Seeland mit der Innenstadt von der kleineren Nachbarinsel Amager. Dort prallen Altes und Neues so heftig aufeinander wie nirgendwo sonst: **Christianshavn** (▶ H/J 6) ist ein Mini-Amsterdam – von holländischen Baumeistern Anfang des 17. Jh. gebaut – und die alte Heringsfängerstadt **Dragør** (▶ Karte 3) ganz im Osten zeigt dörfliche Idylle mit reetgedeckten, gelb getünchten Häuschen. Derweil wandelt sich das Industrie- und Arbeiterviertel **Islands Brygge** (▶ F/G 7/8) am südlichen Hafen zum hippen Wohn- und Dienstleistungsquartier, wo sich sanierte Altbauten in Fassaden futuristischer Glassilos spiegeln. Alles übertrifft **Ørestad** (▶ Karte 3), eines der ambitioniertesten Städtebauprojekte in Europa. Für diese neue Mitte des Ballungsraums Kopenhagen–Malmö liefert die Elite dänischer wie internationaler Architekten spektakuläre, innovative Bauten.

Schlaglichter und Impressionen

Unannehmlichkeiten

Kopenhagens Verkehrsnetz wird für das Ziel, 2025 erste CO_2-neutrale Metropole der Welt zu sein, fit gemacht. Das bringt vorerst Unannehmlichkeiten: Bis 2019 entsteht unter der Innenstadt **Cityringen,** eine 15,5 km lange Ringlinie der Metro mit 17 Stationen. Noch im selben Jahr sollen **Nordhavnslinjen** zum Nordhafen und 2023 **Sydhavnslinjen** in die südliche Peripherie der Stadt fertig werden. Vom Bau sind im touristisch interessanten Teil der Stadt Rådhuspladsen, der Vorplatz der Marmorkirken, Kongens Nytorv und Gammel Strand betroffen, während vom Sortedamsø, dem nördlichsten der Seen im Westen des Zentrums, ein Teil als Großbaustelle trockengelegt wurde. Aktuelles zum Bau: www.m.dk (dän./engl.).

Konkurrenzlos in Dänemark

Kopenhagen ist Politik-, Kultur-, Medien-, Bildungs-, Justiz- und Wirtschaftszentrum Dänemarks. Das höchste Gericht des Königreichs, die größte Universität, die wichtigste Bibliothek, fast alle landesweiten Zeitungen, der größte Radio- und Fernsehsender, die bedeutendsten Museen, Theater und Musical-Bühnen – Kopenhagen hat sie alle. Will der Staat einmal sein Geld in anderen Landesteilen ausgeben und Institutionen aus Kultur, Gesellschaft oder Verwaltung dort platzieren, kann Kopenhagen auf private Gönner zählen: Ein steinreicher Reeder spendierte für rund 336 Mio. € die neue Oper am Hafen. Die prägt mit ihrem ausladenden Dach Kopenhagens Silhouette ähnlich markant wie das weltberühmte Pendant in Sydney. Die hat übrigens ein Kopenhagener entworfen, Jørn Utzon, der auch in seiner Heimatstadt vertreten ist, so mit dem Designer-Möbelhaus Paustian am Svannemøllehavn.

Wandel am Wasser

Mit der Pleite der letzten großen Werft verlor Kopenhagen 1996 die jahrhundertelang hier ansässige Schiffsbauindustrie. Deren Niedergang dokumentiert den Wandel vom Industriestandort zum Verwaltungs- und Dienstleistungszentrum. Der Schiffbau ging verloren, die Schiffe blieben: Kopenhagen bietet viel maritimes Flair, das immer schöner und mit vielen modernen Akzenten herausgeputzt wird. Vom Hafen ziehen sich malerische Kanäle durch pittoreske Altstadtviertel, während der alte Freihafen und der Langelinie kaj ein gewaltiges Verschönerungsprogramm erlebten. Kein Sommertag, an dem nicht zwei, drei oder mehr der schwimmenden Luxushotels dort festmachen. Kopenhagen ist heute Nordeuropas wichtigstes Kreuzfahrt-Ziel. Viele Reedereien wechseln hier sogar ihre Passagiere, was der Stadt tausende zusätzlicher Besucher bringt. Und rund um den Hafen entstanden und entstehen attraktive und architektonisch oft extravagante Wohn- und Bürohäuser. Die Architektur vereint das Funktionale, das seit den 1930ern öffentliche und private Großbauten in Dänemark prägt, mit einem modernen Monumentalismus. Die Oper, das Schauspielhaus und der Schwarze Diamant mit der Königlichen Bibliothek sind die bekanntesten Beispiele. Dabei wird aber auch viel alte Bausubstanz bewahrt und immer wieder mit Modernem kombiniert.

Inzwischen spricht man von der Wiedervereinigung der Stadt mit ihrem Hafen, der viele Jahrzehnte ein dahinsiechender Fremdkörper war. Die Erneuerung ist längst noch nicht abgeschlossen. So entsteht gleich neben dem Schwarzen Diamanten mit dem BLOX-Projekt ein weiteres auffälliges Bauwerk und das wird nach der Fertigstellung ca. 2017 die Architektur des Wandels besonders würdigen: Es wird die neue Heimat des Dansk Arkitektur Center (s. S. 73).

Kunst und die Kunst zu leben

Museen, vor allem die, die sich moderner Kunst und Design widmen, haben Weltniveau. Und das Geld scheint locker zu sitzen, wenn Kunst und Kultur gefördert werden sollen. Seit Kopenhagen Mitte der 1990er-Jahre kulturell aufrüstete, um seiner Rolle als europäische Kulturhauptstadt gerecht zu werden, entstanden das inzwischen schon auf die doppelte Ausstellungsfläche erweiterte Museum für moderne Kunst Arken im proletarischen Süden, ein nationales Filmhaus, das jüdische Museum nach einem Entwurf von Daniel Libeskind, die erwähnte Oper und ein neues Schauspielhaus. Das Nationalmuseum wurde grundlegend renoviert, die Staatliche Kunstgalerie, die Königliche Bibliothek, die Ny Carlsberg Glyp-

Die modernen Kulturtempel am Wasser ziehen viele junge Dänen an

Nicht immer ist es die Kultur, die die Kopenhagener zum Schauspielhaus zieht

totek und das für seine Impressionisten berühmte Museum Ordrupgaard im Vorort Klampenborg bekamen architektonisch interessante Erweiterungen.

Kultur ist eine, Lifestyle die andere Seite der Stadt: Mit Strøget durchzieht eine weltbekannte Fußgängerzone das Zentrum. Dort und im Netz kleiner Altstadtstraßen entdeckt man internationale Haute Couture ebenso wie originelle Designermode, die in der Stadt entsteht und sich mit einem von skandinavischer Lockerheit geprägten urbanen Stil auch in Paris, New York und Tokio durchgesetzt hat, allen voran Labels wie ›Samsøe & Samsøe‹, ›Baum und Pferdgarten‹ oder ›Munthe plus Simonsen‹.

Die Lust der Kopenhagener am Leben und Genießen hält eine facettenreiche Gastroszene auf Trab, in der Achtung und Pflege von Traditionen auf kulinarische Innovationsfreude und Toleranz gegenüber Neuem treffen. Gourmettempel der New Nordic Cuisine hier, dort traditionsreiche Frokost-Lokale, deren Smørrebrød-Kreationen alle Tellerränder überwuchern. Der Guide Michelin 2015 gewährt zehn Restaurants für ihr exzellentes Preis-Leistungs-Verhältnis den Urlaubskassen-freundlichen Bib Gourmand, zwölf weitere Lokale bekamen je einen begehrten Michelin-Stern und ›Noma‹ (s. S. 92), ›AOC‹ (www.restaurantaoc.dk) und ›Geranium‹ (www.geranium.dk) sogar zwei. Das Noma wurde außerdem seit 2010 viermal in der ultimativen Liste der 50 besten Restaurants der Welt zum Besten der Besten gekürt, 2015 landete es auf Platz drei.

Und Kopenhagen klappt nach dem Abendessen noch lange nicht die Bürgersteige hoch: Diskotheken füllen sich nach Mitternacht und die DJs halten Augenhöhe mit ihren Kollegen in anderen europäischen Metropolen, oft set-

zen sie sogar Trends, weil selbst ihre Jobs von der großzügigen Kulturförderung Dänemarks profitieren. Ebenso wie Jazz und Blues, die in intimen Clubs auf höchstem Niveau gepflegt werden und ein überraschend junges Publikum ansprechen. In den traditionsreichen *Små-haver*-Restaurants am Rande des Parks von Frederiksberg schwofen derweil silberne Jahrgänge zu populären Volksliedern und Schlagern, das weltbekannte Tivoli umschmeichelt Besucher mit romantischem Charme oder lässt sie jeden Freitag bei Rockkonzerten jubeln. Und ein paar Straßenzüge entfernt trifft sich eine selbstbewusste Schwulen- und Lesbenszene in Cafés, Restaurants und Discos.

›Hej du‹ – Begegnungen

Dänen im Allgemeinen und die weltoffenen Kopenhagener im Besonderen sind leger. Das Outfit wird auch im Geschäftsleben toleranter gesehen als in Mitteleuropa – lieber ›casual‹ als Krawatte. Das heißt jedoch nicht, dass Dänen sich nicht modisch und manchmal sehr, sehr elegant anziehen, wenn der Anlass es erfordert.

Auch im Umgang sind die Kopenhagener leger: Sie reden sich wie alle Dänen mit ›Du‹ an, ausgenommen, sie wollen Respekt vor älteren Menschen oder Würdenträgern zeigen. Vom ›Du‹ lassen sie auch kaum ab, wenn sie Deutsch mit Besuchern sprechen. Das ist dann weder respektlos gemeint noch Zeichen einer vorschnellen Verbrüderung oder gar einer ›Anmache‹.

Darüber hinaus sind sie schon höflich, aber nicht devot: Sie verwenden das *tak* (danke) häufig, z. B. *tak for i går* (danke für gestern) oder *tak for sidst* (danke für letztens) beim ersten Wiedersehen mit einem Gastgeber nach einem netten Abend. Andererseits gibt es kein ›bitte‹ in Fragen und Forderungen, nur *versgå*, wenn man jemandem etwas reicht.

Wer sich im Gespräch zu wichtig nimmt, zur Besserwisserei neigt oder seine Leistungen unnötig herausstellt, verstößt gegen den gesellschaftlichen Konsens des *Jantelov*: »Glaub nie, dass du etwas Besseres bist.« Titel gelten nicht viel, allenfalls als Angeberei. Deutsche Gründlichkeit ist wenig angesehen, eher wird ihr mit Sarkasmus begegnet.

Zu forsches Auftreten deutscher Besucher kann alte Ressentiments wecken. Wer Dänemark nur von der Nordseeküste her kennt, wird in Kopenhagen überrascht: Deutsche sind hier wenige unter vielen, Deutsch wird seltener gesprochen oder verstanden, kaum ein Museum hält deutschsprachige Erläuterungen oder Broschüren bereit. Mit Englisch kommt man aber überall zurecht.

Daten und Fakten

Lage: Kopenhagen liegt im Osten Dänemarks am Øresund auf zwei Inseln, dem großen Seeland und dem vorgelagerten Amager, getrennt durch den Innerhafen, einem Sund. Den unterfährt die Metro und überqueren im Stadtgebiet vier Klapp- bzw. Schwingbrücken, davon zwei nur für Fußgänger und Radfahrer. Die jüngste ist die Ende 2015 fertiggestellte **Inderhavnsbroen** auf Höhe des Nyhavn mit Spitznamen ›Kyssebroen‹ = Kussbrücke: Wird die technisch wie architektonisch ungewöhnliche Hafenquerung für Schiffe geöffnet, ziehen sich die beiden das Mittelstück bildende ›Zungen‹ in seitliche Rampen zurück.

Größe: Københavns Kommune, Stadt Kopenhagen, ist 86,2 km^2 groß, die höchste Erhebung 25 m hoch. Keinen Kilometer vom Rathaus beginnt die unabhängige Stadt Frederiksberg, 8,77 km^2 groß, die von Københavns Kommune umgeben ist.

Staat und Verwaltung: Kopenhagen und Frederiksberg sind selbstständige Kommunen und bilden seit der Gebietsreform 2007 zusammen mit großen Teilen Nordseelands sowie der Insel Bornholm die Region Hovedstaden, Region Hauptstadt, eine von fünf regionalen Einheiten, in die Dänemark unterhalb der staatlichen Ebene gegliedert ist; Verwaltungshauptstadt ist Hillerød.

Politische Führung: Oberbürgermeister in Kopenhagen ist seit 2010 Sozialdemokrat Frank Jensen, ihm stehen sechs Fachbürgermeister aus fünf weiteren Parteien zur Seite. In Frederiksberg ist seit 2009 der Konservative Jørgen Glenthøj Oberbürgermeister, seine Partei stellt im Stadtrat die mit Abstand größte Fraktion.

Einwohner: Københavns Kommune übersprang 2003 die 500 000-Einwohner-Grenze, im 3. Quartal 2015 waren es 583 525 Einwohner (6770 Einw./km^2) sowie 103 666 in Frederiksberg (Dänemarks fünftgrößte Stadt; 11 820 Einw./km^2). Beide bilden zusammen mit weiteren 16 selbstständigen Vororten eine rund 1,26 Mio. Einwohner zählende urbane Metropolitan Area, Hovedstadsområdet (ca. 400 km^2 groß). In der Region Hovedstaden leben ca. 1,77 Mio. Menschen auf 2561 km^2.

Øresundregion: Statistiker erfassen seit der Eröffnung der festen Verbindung über den Øresund im Juli 2010 auch Nordeuropas größtes Ballungsgebiet Kopenhagen–Malmö an beiden Ufern der Meerenge mit – je nach Grenzziehung – 3,2 bis 3,8 Mio. Einwohnern. Es gilt mit rund zwei Dutzend Universitäten und Hochschulen und hohem Lohnniveau als extrem wohlhabend, produktiv und bildungsorientiert. 2015 nutzten im Spitzenmonat Juli täglich fast 26 000 Fahrzeuge die Verbindung, dazu kommen pro Tag 30–40 000 Bahnreisende in bis zu sechs Zügen pro Stunde, darunter etwa 15 000 Pendler. Die leben zu über 90 % in Skåne, weil Leben und Wohnen östlich des Øresund billiger sind, und arbeiten in Kopenhagen, wo die Löhne höher sind – auch viele Dänen sind nach Schweden gezogen.

Postleitzahlen: Kopenhagen hat die Postleitzahlen 1000–1799 und 2100–2400, Frederiksberg 1800–2000. In Kopenhagen geben Buchstabenkürzel die Lage genauer an: K = Zentrum inkl. Christianshavn, V = Vesterbro, N = Nørrebro, Ø = Østerbro. Ab PLZ 2500 beginnen Vororte, die auf ›København‹ im Namen verzichten: Der Flughafen liegt in 2770 Kastrup.

Währung: Dänemark blieb dem Euro fern und verwendet die Dänische Krone, DKK.

Zeitzone: Mitteleuropäische Zeitzone (MEZ) mit Sommerzeit wie in Deutschland.

Sex & Drugs-Mythen einer Großstadt

Obwohl das Thema ein alter Hut ist und Sex-Shops in Kopenhagen weniger verbreitet sind als in Berlin, Hamburg oder München, fällt vielen Menschen immer noch Pornografie ein, denken sie an Dänemarks Hauptstadt. Die spielte ab 1967 bei der Enttabuisierung von Sex in Europa eine Vorreiterrolle. Wer ein großes Sexangebot sucht, kommt jedoch mehr als drei Jahrzehnte zu spät.

Auch bei den weichen Drogen hat Kopenhagen einen speziellen Ruf, geprägt durch den offenen Umgang mit Cannabis in der seit 1971 ›besetzten‹ Freistadt Christiania (s. S. 49). Wie auf einem Gemüsemarkt kann man Gras, Haschisch oder fertige Joints in aromadichten Glasröhrchen verpackt kaufen – auf viele Millionen Kronen schätzen Insider den jährlichen Umsatz. Zu einer Legalisierung wie in den Niederlanden konnte sich noch keine dänische Regierung durchringen, obwohl die zu erwartenden Steuereinnahmen Begehrlichkeiten wecken. Was also in Christiania offen gehandelt und konsumiert wird, ist nach wie vor illegal, und in der Umgebung von Christiania kontrolliert die Polizei gern. Übrigens ist in Christiania durch ›freiwillige‹ Selbstbeschränkung nur Handel und Konsum von Cannabisprodukten toleriert – »Nix Pulver« drückt es eine gestandene Christiania-Aktivistin aus.

Wappen und Wahrzeichen

Das ältere Wappen Kopenhagens zeigt seit 1296 drei Türme und geht auf die erste Burg Absalons (s. S. 44) zurück. Im Tor des Mittelturms steht unter aufgezogenem Fallgitter ein wehrhafter Ritter, davor plätschern die Wellen des Hafens. 1661 tauchte eine Prachtausgabe auf, als Frederik III. nach der Verteidigung der Stadt gegen einen schwedi-

Wappen von Kopenhagen

schen Sturmlauf den Bürgern adelsgleiche Privilegien gewährte. Diese Version zeigt wieder die drei Türme, jetzt mit dem Monogramm von Frederik III. über dem Tor und umringt von allerlei Kriegsgerät, Rüstungen und Flaggen an langen Lanzen. Die einfache Fassung des Wappens prangt am Dach des Rathauses hoch über dem Hauptportal.

Die Türme von Absalons Burg gibt es schon lange nicht mehr. Andere, wie der Rathausturm im Stil der Siena-Gotik, der Turm der alten Börse aus vier ineinandergedrehten Drachenschwänzen oder der Turm der Vor Frelsers Kirke mit außen verlaufender Wendeltreppe, geben der Stadt eine spezielle Silhouette und bilden als Ensemble eines ihrer Wahrzeichen. ›Überragt‹ wird das aber von der gerade einmal 1,25 m hohen Skulptur der Lille Havfrue, der Kleinen Meerjungfrau, an der Hafenpromenade – sie ist DAS Wahrzeichen Kopenhagens. Das neu gestaltete, aber längst noch nicht vollendete Hafengebiet wird in naher Zukunft weitere hervorbringen, das größte Pozential hat die Oper mit ihrem spektakulären Dach.

Geschichte, Gegenwart, Zukunft

Von der Fischersiedlung zur Hauptstadt des Nordens

Schon zur Wikingerzeit (ca. 793–1035) nutzen Händler den geschützten Naturhafen am Øresund: Der Name Kiobmanhafn, Kaufmannshafen, aus dem später København wird, taucht im 11. Jh. erstmals auf. Im offiziellen Gründungsjahr der Stadt 1167 wird die Burg fertig, die Bischof Absalon von Roskilde zum Schutz der Siedlung anlegen lässt. 1254 gibt es Stadtrechte. 1417 wird Kopenhagen königliche Residenzstadt, als alle drei nordischen Reiche unter dänischer Führung in der ›Kalmarer Union‹ vereint sind. Sie endet mit einem Zerwürfnis zwischen Schweden und Dänen, Grund für viele Kriege, unter denen Kopenhagen oft leidet.

Bauboom in der Renaissance, Auferstehung im Klassizismus

Bauten, die der Renaissance-König Christian IV. (1596–1648) in Auftrag gibt, prägen bis heute das Stadtbild, darunter Børsen, Runde Tårn und Schloss Rosenborg, doch als Militärstratege verspielt er Dänemarks Vormacht im Norden. Kopenhagen rückt in eine Randlage, als 1658 alle Provinzen östlich des Øresund an Schweden fallen.

1794 brennt Schloss Christiansborg nieder, die obdachlose Königsfamilie zieht in die Rokokopalais' von Amalienborg, bis heute königliche Residenz. 1795 gehen 900 Gebäude der Stadt in Flammen auf, 1807 – englische Truppen zündelten mit Brandraketen – noch einmal 300, darunter der Dom. Am Ende der Napoleonischen Kriege steht Dänemark auf der Verliererseite, ist bankrott und weiter geschrumpft, erlebt jedoch ein goldenes Zeitalter seiner Kultur. Den Wiederaufbau Kopenhagens prägt der Neoklassizismus.

Vom Absolutismus zur Demokratie

Frederik VII. akzeptiert 1849 eine bürgerliche Verfassung. Kopenhagen darf endlich über seine Wälle wachsen: Die Brückenviertel entstehen für die neue Arbeiterklasse. 1881 ziehen Sozialdemokraten erstmals ins Parlament, ab 1924 prägen sie die Politik und bauen einen der führenden Sozialstaaten Europas. Den Ersten Weltkrieg erlebt Dänemark neutral, den Zweiten von deutschen Truppen besetzt. Ein Hinweis aus deutschen Kreisen, dass ihre Deportation bevorstehe, führt zur Rettung fast aller dänischen Juden nach Schweden.

Aufbruch in die Gegenwart

Eine Straßenreihe durch Kopenhagens Innenstadt wird 1962 autofrei: Strøget, der ›Strich‹. Ab 1967 sieht man hier anderen Verkehr, als Dänemark eine Vorreiterrolle bei der Freigabe von Pornografie in Europa übernimmt: Sex-Shops prägen für Jahrzehnte Kopenhagens Ruf.

1971 gründen Hausbesetzer in einem leer stehenden Kasernengelände die ›Freistadt Christiania‹. Der Staat legalisiert sie bald als soziales Experiment. Später drohen konservative Regierungen mehrfach eine Schließung an, aber bis heute trotzt die Freistadt allen Attacken.

Als in den 1980ern und 1990ern dänische Volksabstimmungen mehrfach den Zug zur europäischen Einheit bremsen, zeigt sich Kopenhagen deutlich EU-feindlicher als das ländliche Dänemark.

Das 21. Jahrhundert

Seit 2000 verknüpft die feste Verbindung über den Øresund eine der kulturell, wissenschaftlich und wirtschaftlich potentesten Regionen Europas beiderseits der Meerenge. Tausende Fahrzeuge und bis zu sechs Personenzüge pro Stunde nutzen jeden Tag die Brücken-Tunnel-Kombination (s. S. 12) zwischen Dänemark und Schweden – die Øresundregion boomt.

Der Kopenhagener UN-Klimagipfel Ende 2009 scheitert ohne konkrete Beschlüsse zur Rettung des Weltklimas. Kopenhagen selbst setzte sich hohe Ziele, will 2025 erste CO_2-neutrale Metropole der Welt sein. Die Metro wird massiv ausgebaut und das Fahrrad erhält Vorrang vor dem Auto: Innovative Ideen optimieren den Verkehrsfluss auf verbesserten Radwegen. Radfahrer und Fußgänger bekommen sogar eigene Hafenbrücken, während Autofahrer weiter auf zwei alte Nadelöhre angewiesen sind. Das Neue erlaubt auch ungeahnte Blicke auf das Alte: An allen Metrobaustellen dürfen zuerst die Archäologen buddeln.

Der Veröffentlichung von zwölf Mohammed-Karikaturen in der Tageszeitung »Jyllands Posten« folgt Anfang 2006 Dänemarks schwerste politische Krise neuerer Zeit. Überall in der islamischen Welt brennen die roten Flaggen mit dem weißen Kreuz. Mehrere Mordversuche an Zeichnern der Karikaturen kann die Polizei verhindern, aber Mitte Februar 2015, eine Woche nach dem Anschlag auf die Satirezeitung »Charlie Hebdo« in Paris, eröffnet im Kopenhagener Stadtteil Østerbro ein Däne palästinensischer Herkunft das Feuer auf Besucher einer Veranstaltung mit einem schwedischen Mohammed-Karikaturisten. Ein Zuhörer wird getötet. Anschließend greift der Täter die Synagoge im Zentrum an und erschießt dort einen jüdischen Wachmann, ehe er selbst bei einem Schusswechsel mit der Polizei stirbt.

Zahlreiche Statuen verzieren das Rathaus, darunter die des Stadtgründers Bischof Absalon

Reiseinfos von A bis Z

Anreise

… mit dem Auto

Über die Brücke am Großen Belt (www.storebaelt.dk, Pkw-Maut ca. 33 €) fährt man ab Hamburg 170 km und ab Ostdeutschland 450 km mehr als mit einer Fährüberfahrt (www.scandlines.de, Tel. in Dtl. 0381 77 88 77 66, in DK 33 15 15 15) auf den Linien: Puttgarden–Rødby (Fahrzeit 45 Min., 1–2 x stdl., 39–107 €) oder Rostock–Gedser (2 Std., bis 10 x tgl., 39–148 €) – alle Preise Pkw bis 6 m Länge (sonst Zuschläge) und max. 9 Pers. bei Onlinebuchung. Bei Ticketkauf im Hafen zzt. 5 € ›Handling fee‹ extra! Frühes Festbuchen spart, teuer sind flexible Tickets, bevorzugte Abfertigung und Umbuchen; Rückfahrtermäßigung nur für 1- oder 5-Tage-Tickets.

… mit der Bahn

Zwischen Hamburg und Kopenhagen fahren tgl. bis zu sieben EC-/ICE-Züge direkt via Vogelfluglinie in ca. 4.45 Std., an begehrten Tagen gilt Reservierungspflicht – ohne Platzkarte ist die Beförderung nicht garantiert! Im Hochsommer verkehrt zusätzlich ein EC-Nachtzug mit bequemen Sitzwagen via Jütland und Fünen. Sparpreise ab 29 € auf www.bahn.de.

… mit dem Bus

Fernbusse – einige mit Nachtfahrt – von Hamburg oder Berlin nach Kopenhagen ab ca. 20 €, regulär ca. 40 € u. a. mit www.bahn.de/icbus, www.berlinlinienbus.de, www.eurolines.de, www.meinfernbus.de und www.flixbus.de.

… mit dem Flugzeug

Der **Flughafen København Kastrup** (CPH, ▶ Karte 3) liegt ca. 10 km südöstl. mit 24-Std.-Anbindung an die Innenstadt (3-Zonen-ÖPNV-Tickets zu 36 DKK, ca. 15–30 Min.): **Metro** alle 4–15 Min., **Kystbanen** 1–6 x stdl., **Bus** 5A 1–6 x stdl., **Taxi** ca. 270–300 DKK.

Gerade an Wochenenden und in Ferienzeiten locken ›klassische‹ Fluggesellschaften wie SAS oder Lufthansa mit Angeboten und sind oft günstiger als Ticketdiscounter. Außerdem landen Billigflieger in Kopenhagen. Eine Übersicht der Direktverbindungen (Stand Ende 2015, hinzukommen viele Umsteigeverbindungen): www.airberlin.com: ab Düsseldorf, Berlin; www.austrian.com: ab Wien, Innsbruck; www.easyjet.com: ab Berlin, Hamburg, Basel, Genf; www.lufthansa.com: ab Frankfurt, München; www.norwegian.com: ab Berlin; www.flysas.de: zahlreiche Airports im deutschsprachigen Raum; www.swiss.com: ab Zürich, Genf.

… mit dem Kreuzfahrtschiff

Kreuzfahrtschiffe nutzen vier Anleger: Langelinie Kaj (▶ J 1/2), Nordre Toldbod (nur kleine Einheiten, ▶ J 4), Frihavnen (über ▶ H1) und am weitesten vom Zentrum: Oceankaj in der Hafeneinfahrt, wo auch die größten Schiffen anlegen können (▶ Karte 3). Buslinie 26 ab allen Terminals u. a. zum Rathausplatz und Kongens Nytorv.

Einreise

Nach den Schengen-Verträgen sollte es bei der Einreise nach Dänemark keine

Grenzkontrollen geben. Bei Redaktionsschluss war die Situation jedoch unübersichtlich aufgrund der ›Flüchtlingskrise‹ und der politischen Konstellation in Dänemark, wo nach Wahlen im Sommer 2015 eine einflussreiche, rechtspopulistische Partei grundsätzliche Grenzkontrollen fordert. Unabhängig davon müssen **Staatsbürger der EU-Länder und der Schweiz** – auch Kinder jeden Alters – Ausweispapiere mit sich führen und **Bürger anderer Staaten** die für ihr Heimatland gültigen Visabestimmungen beachten. Zollrechtlich dürfen Dinge für den persönlichen Gebrauch aus EU-Staaten unbeschränkt eingeführt werden. Zollfrei kann man auf den Fähren eine Schachtel Zigaretten pro Person kaufen.

Feiertage

1. Jan.: Nytår, Neujahr
Skærtorsdag: Gründonnerstag
Langfredag: Karfreitag
Påske: Ostersonntag, Ostermontag
Store Bededag: Großer Bettag, 4. Fr nach Ostern
Kristi Himmelfartsdag: Christi Himmelfahrt
Pinse: Pfingstsonntag, -montag
24. Dez.: Juleaften, Heiligabend
25./26. Dez.: Juledag, Weihnachten
31. Dez.: Nytårsaften, Neujahrsabend, ab mittags arbeitsfrei
Auch am 1. Mai und dem Grundlovsdag (5. Juni) sind viele Läden geschlossen.

Feste und Festivals

Copenhagen Filmfestivals: s. S. 109
Københavns Pinsekarneval: 2016 zum 35. Mal; Pfingstkarneval der Kulturen mit viel Samba, großem Kinderprogramm und einem Zug durch die Stadt; Schwerpunkt im Fælledparken, www.karneval-kbh.dk.
Sankt Hans Aften: Dänen feiern am 23. Juni den Abend vor Johannis, den Skt. Hans Aften, gern am Meer mit Gesang und einem großen Feuer, in dem traditionell eine Hexenpuppe verbrannt wird. Älteres Publikum füllt den Frederiksberg Have, familiär gehts am Charlottenlund Strand zu, während am Amager Strandpark Partystimmung mit schwuler Note aufkommt.
Copenhagen Jazz Festival: Erste Julihälfte; zehn Tage Konzerte auf Plätzen, in Parks und Clubs, teilweise gratis; www.jazz.dk.
Golden Days in Copenhagen: Biennal in geraden Jahren; ca. drei Wochen im Sept. Das historisches Kulturfestival mit Ballett, Theater, Konzerten, Lesungen und begleitenden Ausstellungen widmet sich jeweils einer Epoche oder Kulturströmung, die in Dänemark Spuren hinterließ, www.goldendays.dk.
Roskilde Festival: Eines der weltweit besten Rockfestivals findet 2020 zum 50. Mal in Folge statt. Rund 170 Bands und Solisten spielen von Mittwochmittag bis in den frühen Sonntagmorgen in Roskilde (s. S. 81) ca. 40 km südl. von Kopenhagen. Die Gewinne der Veranstaltung fließen vorrangig in die Jugendarbeit. 29.6.–2.7.2016, 28.6.–1.7. 2017; 27.6.–5.7.2015, 4.–7.7.2018, www.roskilde-festival.dk.

Gay in Kopenhagen

Es gibt eine muntere schwul-lesbische Szene, vor allem im Latiner Kvarter (s. S. 36), die keine Diskriminierungen fürchten muss und sich nicht abschottet. Tradition hat eine Schwulenparty am Skt. Hans Abend im Amager Strandpark. Das größte Gay-Event des Jahres, die Copenhagen Pride Parade Mitte August, lockt zum Abschluss einer schwul-lesbischen Kultur- und Aktionswoche tausende ›locals‹ und Besucher zu einer bunten Parade durch die Stadt (www.copenhagen pride.dk). Alle wichtigen Adressen von Unterkünften über Cafés bis zu Nightclubs gibt es auf www.copenhagen-gay-life.dk. Das Monatsmagazin »Out & About« bringt Adressen und Termine (www.out-and-about.dk). Weitere Infos: www.visitcopenhagen.com/gay.

Geld

In Dänemark gilt nach wie vor die Dänische Krone (DKK), die aber eng an den Euro gebunden ist: 1 € = ca. 7,45 DKK. Kleinste Münze ist das 50-Øre-Stück, andere Øre-Beträge werden gerundet.

Geldwechseln ist in Banken, Wechselstuben sowie in größeren Touristenbüros möglich, Wechselgebühren (ca. 30 DKK) werden pro Tausch erhoben!

Kreditkarten (insbesondere Visa und Mastercard, seltener Diners und American Express) sind gängig, doch verlangen viele Restaurants, Hotels, Shops und sogar Tankstellen bei Zahlungen mit ausländischen Kreditkarten Aufschläge von bis zu 6 % des zu zahlenden Betrags. Geldautomaten mit deutscher Menüführung für Maestro- und Kreditkarten sind überall vorhanden.

Informationsquellen

i-Büro für alle deutschsprachigen Länder

VisitDenmark: Postfach 70 17 40, 22017 Hamburg, www.visitdenmark.de (umfassend in Dt.). Mo–Fr 9–17 Uhr, Tel. 01805 32 64 63 (erhöhter Tarif!).

i-Büro und Zimmervermittlung

Copenhagen Visitor Service: Vesterbrogade 4A (gegenüber Haupteingang Tivoli), Tel. 70 22 24 42 (nur Mo–Fr 10–16 Uhr), www.visitcopen hagen.de (Teile nur in engl.), Juli/Aug. tgl. 9–19, Mai/Juni, Sept. Mo–Sa 9–18, So 9–14, sonst Mo–Fr 9–16, Sa 9–14 Uhr. Zimmervermittlung nur persönlich.

Im Internet

Dänemarks Internetkennung ist .dk. Webinhalte über Kopenhagen gibt es meist auf Dänisch oder Englisch, selten auf Deutsch.

www.aok.dk: Kommerzielles Portal zu Kneipen, Cafés, Restaurants, Unterkünften, Events usw. Aktuell, umfangreich und praktisch.

www.degulesider.dk: Dänemarks Onlinetelefonauskunft bietet Suchfunktionen auch über die Adresse, dazu sehr aktuelle Karten. Zwar auf Dänisch, aber wer ahnt, dass z. B. *kort* eine Karte ist, kommt zurecht.

Alles auf Karte

Die **cOPENhagen Card** gibt's im i-Büro, im Hauptbahnhof, in vielen Hotels und auf www.visitcopenhagen.com. Sie gewährt freie Fahrt im ÖPNV (s. S. 24) und auf manchen der Ausflugsschiffe (s. S. 24), freien Eintritt zu rund 70 Museen sowie Rabatt an weiteren Attraktionen, auf Bustouren und in einigen Lokalen. Für 24/48/72/120 Std. zahlt ein Erwachsener (inkl. 2 Kinder bis 9 Jahren) 359/499/589/799 DKK, 10-bis-15-Jährige 189/249/299/399 DKK. Aber durchrechnen: Staatliche Museen sind gratis, viele andere Museen haben Tage mit freiem Eintritt und alle unter 18 Jahren kommen sowieso umsonst in die meisten Museen (s. S. 19)!

www.kk.dk: Das virtuelle Stadttor des offiziellen Kopenhagen (dän./engl.).
www.kulturnaut.dk: Veranstaltungskalender mit deutschsprachigen Suchoptionen. Die Inhalte sind aber meist auf Dänisch.
www.rejseplanen.dk: Fahrplanauskunft für alle öffentlichen Verkehrsmittel; auch Sehenswürdigkeiten und Unterkünfte (dän./engl./dt.).
www.dmi.dk: Wetter vom dänischen meteorologischen Institut (dän./engl.)

News in English

The Copenhagen Post: Wochenzeitung mit Nachrichten, Veranstaltungstipps, Restaurant- und Clubtipps, 25 DKK an ausgewählten Kiosken oder gratis in vielen Lokalen und Hotels, Auszüge online: www.cphpost.dk.

Kinder

In Kopenhagen sind Kinder wie überall in Dänemark willkommen, stillende Mütter gehören zum Alltagsbild und auch in den ehrwürdigsten Museumshallen begegnet man Kindergartengruppen. In staatlich anerkannten Museen haben Besucher unter 18 Jahren freien Eintritt, sonst zahlen Kinder oft nur einen symbolischen Preis, ausgenommen bei Attraktionen, die sich speziell an sie wenden. Dort gibt es aber meist Familientickets.

Übernachten mit Kindern

Die meisten Hotels bieten für Familien Extrabetten, *opredning*, im Zimmer der Eltern, im Sommer gern zu Sonderpreisen, wenige ein zweites Zimmer mit Rabatt. *DanHostel*-Herbergen (s. S. 86) haben Mehrbettzimmer für bis zu sechs oder sieben Personen und Kids lieben die verschachtelten Hochbetten der *Cabinn-Hotels* (s. S. 87), die bis zu vier Personen in ein Zimmer lassen. In Restaurants sind Kinderstühle Standard, Kindergerichte, *børneretter*, stehen auf den meisten Karten und der Kinderklassiker Würstchen, *pølser*, ist an jeder Ecke zu haben.

Kindgerechte Attraktionen

Museen mit Kinderabteilungen: Frilandsmuseet Sorgenfri s. S. 74, Nationalmuseum s. S. 60, Kunstgalerie s. S. 76, Kunstmuseum Louisiana s. S. 66.
Klassische Familienziele: Danmarks Aquarium s. S. 73, Tivoli s. S. 41, Zoo København s. S. 55, Bakken s. S. 64.
Speziell für Kinder: Experimentarium s. S. 74, Marionetteatret i Kongens Have s. S. 111, die besten City-nahen Spielplätze liegen im Kongens Have s. S. 79.
Strand- und Hafenbäder s. S. 20.

Klima und Reisezeit

Die Winter sind eher nasskalt, der letzte Eiswinter mit gefrorenem Øresund liegt schon Jahrzehnte zurück. Im Mai kommt der Frühling schnell und ist kürzer als in Mitteleuropa, Pfingsten wollen die Kopenhagener gern feiern, meist klappt's. Der Hochsommer reicht von Ende Juni bis in den August hinein. Der Herbst ist meist feucht und stürmisch, selten attraktiv. Touristisch ist Hochsaison, solange das Tivoli geöffnet hat.

Öffnungszeiten

Im liberalen Ladenschlussgesetz gelten nur noch Beschränkungen für gesetzliche Feiertage (s. S. 17), nicht mehr für normale Sonntage. Die Geschäfte entscheiden, wann sie öffnen.

Für die Haupteinkaufstraßen gelten folgende Kernzeiten: Mo–Do 10–18, Fr bis 19, Sa bis 16, So 12–16 Uhr. In den Szenevierteln macht man gern erst spä-

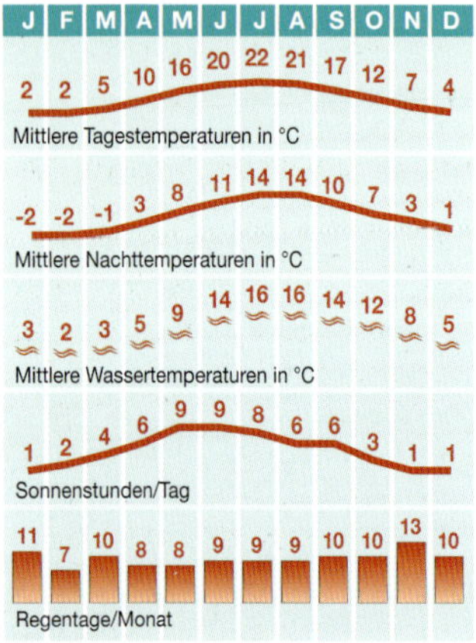

Klimadiagramm Kopenhagen

ter auf, Souvenirshops und viele Supermärkte sind hingegen bis in die Nacht offen, gut sortierte Kioske rund um die Uhr, z. B. die stadtweit vertretenen ›7eleven‹-Kioske. Banken haben Mo–Fr 9.30–16, Do bis 18 Uhr geöffnet, Wechselstuben – u. a. an Strøget und in der Tivoli-Info – auch noch später.

Rauchen

Rauchen in öffentlichen Räumen ist verboten, ausgenommen sind kleine Kneipen ohne Küche und Clubs. Preise für Zigaretten sind aktuell etwas teurer als in Deutschland, in Lokalen sind zudem Aufschläge auf den Banderolenpreis üblich. Automaten gibt es kaum.

Reisen mit Handicap

Der dänische Behindertenverband vergibt ein Qualitätslogo für barrierefreie Zugänge an touristische Unternehmen. Auf der Website www.godadgang.dk (auch auf Deutsch) kann man sich über die Kriterien informieren und Einrichtungen gezielt suchen.

Sport und Aktivitäten

Die Kopenhagener angeln und segeln auf dem Øresund, frönen dem Volkssport Golf in Nordseeland, lieben die Strände vor der Tür, paddeln durch Hafen und Kanäle und zum Laufen gibt es reichlich Parks und Promenaden.

Baden

Amager Strandpark: (■ Karte 3) großes, künstlich angelegtes Dünen- und Strandgelände (s. S. 59).

Charlottenlund Strandpark mit Charlottenlund Søbad: (■ 6 km nördl. H 1 u. Karte 3), Charlottenlund, S-Bahn-Station Charlottenlund; wenige Park-, aber viele Fahrradstellplätze. Große Grasfläche zum Liegen. Im Charlottenlund Søbad (Juni–Aug. tgl. 9–19 Uhr, 20 DKK/ab vier Jahren), das vor dem Ufer im Wasser steht, gibt es abgetrennte Abteilungen für Nacktbader, sonst ist Kleidung Pflicht – alles sehr sauber und gesittet dank strenger Bademeister.

Havnebadet Islands Brygge: (■ F/G 7) vor dem Hafenpark von Islandsbrygge ist eine schwimmende Badeanstalt im Hafen (Islands Brygge 14, 2300 Køb S, gratis Juni–Aug. tgl. ca. Mo–Fr 7–19, Sa, So 11–19 Uhr).

Havnebad Fisketorvet: (■ E 8) dümpelt im Gasværkshavnen nahe dem Einkaufszentrum Fisketorvet (Kalvebod Brygge 55, 1560 Køb V, Juni–Aug. tgl. 11–19 Uhr, gratis).

Kalvebod Bølge: (■ F/G 7). Eine hölzerne Promenade auf Stelzen über das Hafenwasser gebaut nur 10 Min. zu Fuß vom Rathausplatz für Sonnenanbeter, mutige Skater, Hafenbader und Kajakfahrer – Seebad Kopenhagen eben!

Sicherheit und Notfälle

Notruf alle Dienste: 112
Fundbüro: Erste Anfragen bei den Verkehrsträgern oder Polizeidienststellen. Zum Schluss landet alles bei: Københavns Politi-Hittegodskontoret, Slotsherrensvej 113, 2720 Vanløse, Tel. 38 74 88 22 (Mo–Fr 9–14, telefonische Anfragen bis 11 Uhr).
Kriminalität: Kopenhagen ist eine relativ sichere Stadt, aber nicht kriminalitätsfrei. Der Satz *tøm bilen, for tyven gør det,* der an fast allen Parkplätzen steht, sagt viel und heißt auf Deutsch: »Leere dein Auto, bevor der Dieb es tut.«
Pannenhilfe: Private Unternehmen wie Falk (Tel. 70 10 20 30) helfen, nicht jedoch der dänische Automobilclub FDM!
Sperrnummer: Deutsche können Girocards, Kreditkarten, Mobilfunk-Karten usw. unter Tel. 0049 11 61 16 sperren lassen; Details auf www.sperr-notruf.de.
Medizinische Notfälle: Ärztlicher Notdienst (Lægevagten): Tel. 18 13. Notfallhilfe auch in Krankenhäusern *(sygehus).*
Zahnärztlicher Notdienst: *(Tandlægevagten),* tgl. 20–21.30, So u. Fei auch 10–12 Uhr, Oslo Plads 14, 2100 Køb. Ø, Tel. 18 13.
24-Std.-Apotheke: Steno Apotek, Vesterbrogade 6C, 1620 Køb. V, Tel. 33 14 82 66. Für die meisten Medikamente braucht man ein Rezept.
Notfallbehandlungen in Krankenhäusern sind kostenlos. EU-Bürger mit gültiger Europäischer Krankenversicherungskarte EHIC (meist Rückseite der Gesundheits-Karte) sollten beim Arzt gesetzlich versicherten Dänen gleichgestellt sein, aber oft werden hohe Zuzahlungen verlangt, die private Auslandskrankenversicherungen auffangen.
Botschaften helfen Staatsangehörigen ihrer Länder nur, wenn alle Mittel zur Selbsthilfe ausgeschöpft sind. Kosten und Auslagen werden zurückgefordert:
Deutsche Botschaft: Tel. 35 45 99 00, außerhalb der Dienstzeiten Tel. 40 17 24 90, www.kopenhagen.diplo.de.
Österreichische Botschaft: Tel. 39 29 41 41, www.bmeia.gv.at/botschaft/kopenhagen, Notfalltelefon außerhalb der normalen Dienstzeiten Tel. 21 72 79 41.
Schweizer Botschaft: Tel. 33 14 17 96, www.eda.admin.ch/copenhagen; alle konsularischen Fälle: Konsularcenter Botschaft Stockholm: Tel. +46 8 676 79 00, sto.vertretung@eda.admin.ch; 24-Std. Helpline in der Schweiz: Tel. +41 800 24 73 65.

Golfen

Rund 35 Golfplätze zählt der Großraum Kopenhagen, die meisten liegen im ›reichen‹ Norden der Hauptstadt, darunter Skandinaviens ältester Golfclub neben dem königlichen Jagdschloss Eremitagen im Jægersborg Dyrehave (s. S. 64). **Københavns Golf Klub:** (14 km nördlich der City), Dyrehave, 2800 Lyngby, Tel. 39 63 04 83, Greenfee 1. April–30. Nov. 450–550 DKK, 1. Dez.–31. März 300 DKK. Infos, wann Gäste spielen dürfen und zur Handicapbeschränkung, auf www.kgkgolf.dk.

Kajakfahren

Kajakhotellet/Kajak Ole: Kajaktouren durch Christianshavn oder zur Meerjungfrau ab Strandgade 50 (■ J 5, Christianshavn Kanal), 1401 Køb K, oder Kalvebod Bølge 1 (■ G 7), 1560 Køb V, (90–180 Min., ca. 300–400

DKK); Wasserpolo und Stand-up-Paddling am Amager Strandpark (■ Karte 3, Havkajakvej 8 2300 Køb S). Tel. 40 50 40 06, www.kajakole.dk.

Laufen
Wer individuell laufen will, steuert die **Seen im Nordwesten der City** an (▶ E/F 2–6): Direkt am Wasser läuft man auf Schotter, am Westufer auf einer asphaltierten, weitgehend autofreien Promenade. Running Tours Copenhagen verbindet **Laufen mit Sightseeing:** www.runningtours.dk, Tel. 50 86 95 04.

Telefon und Internet

In Dänemark gibt es außer bei Sondernummern nur achtstellige Rufnummern ohne Vorwahlen. Für Auslandsgespräche wählt man 00 + Kennzahl des gewünschten Landes (D = 49, A = 43, CH = 41), bei Anrufen in Länder mit Ortsvorwahlen entfällt die Null der Ortsvorwahl. Dänemarks internationale Vorwahl: 45.

Anrufe bei der Auskunft *(nummeroplysning)* sind teuer: Inland 118, Ausland 113.

Münz- und Kartentelefone gibt es nur noch selten und einige Hotels verzichten schon aufs Telefon im Zimmer. Münzgeräte geben einmal eingeworfene Münzen nicht zurück, selbst wenn kein Gespräch zustandekommt.

Die Netzabdeckung für Mobiltelefonie ist ausgezeichnet. Die Gebühren im Rahmen des International Roaming erfahren Sie bei Ihrem Netzbetreiber. Telefonieren im Auto ohne Freisprechanlage kostet ca. 1500 DKK Strafe.

Viele Unterkünfte und Lokale bieten gratis Internetzugang – fragen Sie nach eventuellen Zugangscodes.

UMTS- und LTE-Netze (in DK 3G bzw. 4G-Bredbånd) sind gut ausgebaut. Da internationales DATA-Roaming noch recht teuer ist, sollten Sie die für Ihren Vertrag gültigen Preise vor Reiseantritt bei Ihrem Provider erfragen. Grundsätzlich empfiehlt es sich aber, den automatischen Netzzugriff von Smartphones einzuschränken.

Trinkgeld

Trinkgeld ist keine Pflicht, kann aber für guten Service gegeben werden. Aufrunden in Restaurants und Taxis ist üblich.

Unterwegs in Kopenhagen

… mit dem Auto

Allgemeine Verkehrsregeln: Innerstädtisch Tempo 50, Fahrlicht ganztägig Pflicht, weiße Dreiecke auf der Fahrbahn an Kreuzungen heißen ›Vorfahrt gewähren‹. Hinweise: Buchstaben auf Hinweisschildern zu Autobahnen zeigen die Richtung an, z. B. 47 s = Autobahn 47 in südl., E 47 n in nördl. Richtung.

Parken in København: Die Stadt besitzt ein einfaches, aber teures Parksystem mit derzeit drei Zonen (▶ Karte 4): Mo–Fr 8–18, Sa 8–17 Uhr Zone rot 31 DKK/Std., grün 18 DKK/Std. und blau 11 DKK/Std., Mo–Fr 18–23 Uhr alle Zonen 11 DKK und 23–8 Uhr alle Zonen 3 DKK, Sa ab 17 Uhr und So gratis. Parkhäuser je nach Lage ähnliche Preise, Platzverfügbarkeit aktuell auf www.p-henvisning.dk.

Parken in Frederiksberg: P-Zonen Mo–Fr 7–24, Sa bis 17 Uhr 2 Std. mit Parkscheibe frei, darüber hinaus ist ein Parkschein Pflicht (10 DKK/Std., 70 DKK/Tag oder 350 DKK/Woche, Standortwechsel erlaubt!), erhältlich in ausgewählten Kiosken, unter Angabe des Kennzeichens an Automaten oder mit

Zuschlag bei diversen Park-Apps: Infos: www.frederiksberg.dk/parkering.

Ein **generelles Parkverbot** – wird häufig durch gelbe Dreiecke am Bordstein markiert – besteht 10 m vor und hinter Straßenkreuzungen, -einmündungen und -gabelungen, 5 m vor Zebrastreifen und Abfahrten von Fahrradwegen, an Straßen mit durchgezogener Mittellinie und sobald Straßen in Richtungsfahrbahnen aufgeteilt sind. Das ›amtliche‹ **Knöllchen,** *p-afgift* oder *kontrollafgift,* kostet 510 DKK (ca. 70 €), in schweren Fällen wie unberechtigtem Parken auf Behindertenplätzen 1020 DKK (ca. 140 €). Gesetzeskonform sind auch Knöllchen auf privat bewirtschafteten Parkflächen (bis 750 DKK/ca. 100 €) u. a. wenn man je nach Hinweisschild ohne gültigen Parkschein *(p-billet påkrævet),* ohne Parkscheibe *(p-skive påbud)* oder mit dem falschen Fahrzeug auf Flächen für Wohnmobile, Gespanne oder Elektroautos parkt.

Mietwagen bieten die international bekannten Ketten am Flughafen oder in Citybüros mit Touristentarifen bei Miete/Rückgabe an der gleichen Station und Vorausbuchung aus dem Ausland u. a.: www.avis.dk, Tel. 70 24 77 00; www.europcar.dk, Tel. 70 11 33 55; www.hertzdk.dk, Tel. 33 17 90 00; www.budget.dk, Tel. 33 55 05 00; www.sixt.dk, Tel. 32 48 11 00. Ältere Fahrzeuge ab 150 DKK/Tag auf www.lejetlig.dk (›Leih eine Leiche‹), Tel. 70 25 45 25.

… mit dem Fahrrad

Kopenhagen wurde international mehrfach als besonders radfahrerfreundlich ausgezeichnet: Knapp 40 % aller Arbeitnehmer fahren mit dem Rad zum Job. Für sie stehen über 400 km Radwege zur Verfügung, bis hin zu ›Radschnellwegen‹ mit Vorrang vor dem Autoverkehr und grüner Welle bei 20 km/h an Ampeln. Zudem verbinden autofreie Brücken Stadtteile über den Hafen hinweg. In Metro, S Tog und einigen Bussen können Räder mit Einschränkungen während der Rushhour mitgenommen werden.

Einige Gepflogenheiten auf den Radwegen sind gewöhnungsbedürftig: Um Auffahrunfälle zu vermeiden, zeigt man durch Heben einer Hand an, wenn man stoppen will. Zum Linksabbiegen fahren Radfahrer erst einmal ganz rechts über die Kreuzung und ordnen sich dort in den Querverkehr ein.

Taxis nehmen gegen Gebühr bis zu zwei Fahrräder mit.

Stadträder: Kopenhagen hat sein berühmtes Stadtrad-Konzept mit Pfandsystem à la Einkaufswagen 2013 beendet und durch ein kostenpflichtiges mit ›intelligenten‹ E-Bikes ersetzt: www.bycyklen.dk. Die stehen an über 100 Lade- und Leihstationen in Kopenhagen und Frederiksberg bereit, u. a. an S-Bahn- und Metrostationen. Jedes Rad ist mit einem gegen Vandalismus resistenten 7-Zoll-Tablet ausgestattet, über das man die Ausleihe vornimmt und das Internetzugang sowie Navi-Funktionen bietet. Der ›Touristentarif‹ liegt zur Einführung bei 25 DKK/Std., Einheimische fahren mit Abo billiger. Ein *bycykel* leiht man nicht auf Zeit, sondern für die Fahrt von A nach B, bei erneutem Bedarf greift man zum nächsten. Zwingend ist ein an eine Kreditkarte gebundener User-Account, der den Nutzer identifizierbar macht. Er kann online erstellt werden und erlaubt per App die Verfügbarkeit der Räder stadtweit zu prüfen und eventuell ein Rad zu reservieren.

Fahrradverleih: Copenhagen Bicycles: ■ Nyhavn 44, 1058 Køb K (▶ H 5), Tel. 33 93 04 04, www.copenhagenbicycles.dk, tgl. 8.30–17.30 Uhr, Fahrräder ab 90 DKK/6 Std. oder 110 DKK/24 Std., E-Bikes 160/220 DKK, Rabatte bei längerer Miete. Der Anbieter kooperiert mit Hotels, an denen man Räder – meist etwas teurer – direkt leihen kann (Hotelliste: www.copenhagentours.dk/hotels). Mit solch einem ›Hotel-bike‹ ist von April bis Okt. eine geführte Stadt-Radtour kostenlos (11 Uhr ab Nyhavn 44, sonst 100 DKK).

… mit Bus, Bahn und Fähre

Alle öffentlichen Nahverkehrsmittel bilden mit Kopenhagen als Zentrum einen Tarifverbund vom Kattegat im Norden bis Roskilde und Køge im Süden. Karten, Fahrpläne und Tarifinformationen auf www.moviatrafik.dk.

Busse: Ca. 4.30–0.30 Uhr auf wichtigen Linien in Minutenabstand, Nachtbusse 0.30–4.30 Uhr 1–2 x stdl.

S-Bahn: Ca. 4.30–0.30 Uhr alle 10–20 Min.

Kystbanen/Øresundståg: Helsingør–Kopenhagen–Flughafen–Malmö tagsüber bis 6 x stdl., nachts 1 x stdl.

Metro: alle 4–6, nachts 3–4 x sdtl.

Havnebus (Hafenfähre): Teglholmen im neuen Hafenwohnviertel Sluseholmen am Südrand der Stadt bis Refshaleøen noch hinter der Kleinen Meerjungfrau Mo–Fr ca. 7–20 Uhr alle 30 Min., Sa/So ca. 10–20 Uhr alle 45 Min.

Fahrpreise: Bar zahlt man je nach Anzahl der durchfahrenen Zonen 24–108 DKK. Die **Rejsekort** (www.rejsekort.dk (dän./engl.), eine Prepaid-Fahrkarte, spart je nach Strecke und Tageszeit ca. 38–64 %. Praktisch ist die übertragbare und sofort nutzbare **Rejsekort Anonymus** für einmalig 80 DKK + min. 70 DKK Guthaben (in ausgewählten Kiosken sowie an Automaten am Flughafen, Bahnhof oder Metrostationen). Sie wird nach Bedarf ›aufgeladen‹ und muss bei jedem Fahrtantritt und -ende über einen blau leuchtenden Touch-point an der Bahnstation oder im Bus an- und abgemeldet werden. Unkomplizierter sind das **24-timers billet** bzw. die **Flexcard 7 dage** für das ganze Netz (130/675 DKK) oder der ›City Pass‹ für die 4 Stadtzonen inkl. Flughafen für 80 DKK/24 Std. und 200 DKK/72 Std. Kinder bis 15 Jahre ca. 50 %. Ein Erw. kann 2 Kinder bis 11 Jahre gratis mitnehmen. Schwarzfahren kostet 750 DKK/Erw.

Für Kinder sind die **führerlosen Wagen der Metro** ein Knaller, vor allem die Plätze hinter der großen Frontscheibe. Auf den unterirdischen Strecken von Kongens Nytorv unter dem Hafen hindurch nach Christianshavn saust der Zug wie eine Achterbahn durch die Tunnelröhren.

…mit Taxi oder Rikscha

Taxi: Mehrere Zentralen, u. a. Taxa 4 x 35, Tel. 35 35 35 35, oder Øbro-Amager-Taxi (Tel. 27 27 27 27, internationale App taxi.eu). Grundgebühr und Km-Preis variieren je nach Tageszeit und Wochentag, eine 3-km-Stadtfahrt kann ca. 80–110 DKK kosten.

Rikscha: Zentrale Halteplätze in der Innenstadt, u. a. Amagertorv, Rådhus Pladsen und Kongens Nytorv/Nyhavn. Berechnet wird nach Grund- und Minutenpreis.

Sightseeing mit Bus und Boot

Strömma: www.stromma.dk und www.sightseeing.dk. Unter diesem Dach sind viele Sightseeing-Aktivitäten vereint: **Copenhagen Panorama** macht klassische Bustouren u. a. mit dt. Kommentar wie Copenhagen Panorama Sightseeing (2 Std./345 DKK). **Canal Tours Copenhagen** bieten Hafen- und Kanalrundfahrten wie The Grand Tour ab Gammel Strand oder Nyhavn (1 Std./80 DKK). Ganzjährig gibt es ›Hop-on-Hop-off‹ Angebote auf Bussen und Booten, die saisonal wechselnde Routen tgl. min. 9.30–15 Uhr, in der Hochsaison bis 18.30 Uhr, im 30- oder 60-Min.-Takt befahren und bei denen man an allen Stopps ein- und aussteigen kann: **Open Top Tours** (grüne Busse und Boote, saisonabhängig etwa 20–30 Bus- und ca. 6–10 Boots-Stopps) oder **City Sightseeing** (rote Busse bis 31 Stopps). Der Kommentar kommt mehrsprachig vom Band über Kopfhörer. 24 oder 48 Std. Tickets – z. B. alle Linien Bus und Boot 48 Std. 245 DKK – gibt's in Hotels, beim i-Büro, an den Strömma-Schaltern der Bootsanleger Nyhavn und Gammel Strand oder online, Kinder 6–11 Jahre ca. 50 %. **Netto-Både:** Tel. 32 54 41 02, www.havnerundfart.dk. Hafen-/Kanalrundfahrten tgl., Hochsaison bis 5 x stdl., 60 Min. mit Guide, 40/15 DKK ab Holmens Kirke oder Nyhavn.

…auf zwei Rädern oder zu Fuß

Bike Copenhagen with Mike: ■ Sankt Peders Stræde 47, 1453 Kop K (▶ F 5), Tel. Mobil 26 39 56 88, www.bikecopenhagenwithmike.dk, ab 300 DKK. Tgl. thematische Radtouren mit Guide (engl.) für Ungeübte ebenso wie für Bike-Enthusiasten. **Historische Stadtrundgänge:** Ab Absalon-Denkmal (Højbro Plads ▶ G 5), März–Okt. Sa 10 Uhr auf Englisch, 90 DKK, www.historytours.dk. **Copenhagen Food Tours:** 3–5 x wöchentl. ab Torvehallerne (s. S. 101) ca. 4 Std. inkl. Snacks, Smørrebrød, Bierproben und vielen Geschichten, 600 DKK, www.CphFoodTours.dk (s. S. 92). **Segway Tours Copenhagen:** ■ Løngangstræde 19, 1468 Køb K (▶ F 6), Tel. 22 35 62 86, www.segwaytourscph.com. City & Hafen 1 oder 2 Std. ca. 350–500 DKK, meist in Engl., auf Anfrage auch in Deutsch.

Copenhagen Free Walking Tours: www.copenhagenfreewalkingtours.dk. Nur über Trinkgeld für die jungen, coolen Guides finanzierte, aber doch professionelle Stadtgänge 1,5–3 Std., je nach Tour Treffpunkte vor dem Rathaus (▶ F 6) tgl. 11 oder 15 Uhr und ab Absalon-Denkmal Højbro Plads (▶ G 5) Sa, So 12 Uhr und tgl. 16 Uhr.

Der Umwelt zuliebe – nachhaltig reisen

Nach Kopenhagen reisen heißt umweltfreundlich reisen! 2009 wurde die Stadt im European Green City Index zur umweltfreundlichsten Hauptstadt gekürt und will 2025 erste CO_2-neutrale Metropole der Welt werden (s. S. 15), u. a. durch Verbesserungen im Nahverkehr, des Radwegenetzes sowie durch Förderung von Elektroautos. Darüber hinaus bemühen sich viele Hotels um »The Green Key«, das Siegel für ökologisch nachhaltiges Wirtschaften im Tourismus (www.green-key.org). Die in Kopenhagen geborene New Nordic Cuisine setzt bewusst auf lokale und regionale, ökologisch produzierte Rohwaren – ein Konzept, das das NOMA (s. S. 92) schon viermal zum besten Restaurant der Welt machte. Man kann sich aber auch jenseits der Topgastronomie ökologisch ernähren: Bioprodukte hat jeder Supermarkt in den Regalen, nur wenig teurer als konventionelle Lebensmittel. Gemüse, Obst, Edelkäse, Fisch, Qualitätsfleisch, Fisch und Schalentiere von kleinen Produzenten oder lokalen Genossenschaften aus allen Teilen Dänemarks bekommt man auch in den neuen Markthallen, den Torvehallerne KBH (s. S. 101).

15 x Kopenhagen direkt erleben

Der Nyhavn ist Kopenhagens längste Theke – mit Bierkneipen und Edelrestaurants und auf dem Pflaster reiht sich Straßencafé an Straßencafé. Wer deren Preise nicht zahlen will, holt sich ein Bier aus dem Kiosk um die Ecke und setzt sich damit auf die Kaimauer. Der Stichkanal prägt als pittoreskes Element die maritime Seele Kopenhagens und ist Start eines Bummels am Hafen entlang zur Meerjungfrau.

1 | Shoppen und Flanieren auf dem Strich – Strøget

Karte: ▶ F 6–G 5 | **Anfahrt:** Busse: Rådhuspladsen; Metro/Busse: Kongens Nytorv; Øresundstog/S-Bahn/Metro/Busse: Nørreport

Immer wieder irrten Besucher auf der Suche nach Strøget über Strøget, bis der ›Rufname‹ auf den Straßenschildern erschien. Genau genommen besteht der 1,1 km lange ›Strich‹ zwischen Rathausplatz und Kongens Nytorv aus vier kurzen Straßen und zwei belebten Plätzen mit jeweils eigenen Namen.

Strøget ist die Meile Kopenhagens zum Shoppen wie Flanieren mit Brand-Shops nationaler und internationaler Modemarken, Edelkaufhäusern, Trendcafés und Geschäften voller Design, aber auch mit Souvenirläden überquellend von Meerjungfrauen in alle Größen, Teenie-Boutiquen und Irish Pubs, aufdringlichen Kneipen und billigen Büfett-Restaurants. Am Abend wird Strøget Show-Arena für Straßenmusiker, Gaukler, Pantomimen und Jongleure. Strøget zieht sich zwischen Rådhuspladsen und Kongens Nytorv mehr als 1 km durch Kopenhagens Herz. Zum Rathausplatz hin, der mit nächtlicher Neonreklame und neogotischem **Rådhus** 1 im Siena-Look als ein Mix aus Times Square und Toskana daherkommt, zeigt sich Strøget in der Frederiksberggade wenig weltstädtisch, eher laut und billig – sogar Hütchenspieler fühlen sich hier wohl.

Goldäpfel zum Geburtstag der Königin

Am Gammeltorv umlagern umschlungene Pärchen und müde Touristen den ältesten Springbrunnen der Stadt: Der **Caritasbrønden** 2 wurde 1608 mit der Verspieltheit der Renaissance angelegt, später verlöteten Puritaner jahrzehntelang die Düsen in den Brüsten der Caritas und der Junge, den sie an der Hand hält, musste sich das Pinkeln verkneifen – heute ist aber alles wieder spritzig wie am ersten Tag. Zu besonderen Anlässen, wie dem Geburtstag der Königin am 16. April oder dem Verfassungstag am 5. Juni, lassen Kopenhagens Wasserwerke, denen der Brunnen gehört, vergoldete Kupferkugeln auf den Fontänen tanzen – goldene Äpfel sollen es eigentlich sein. Die kurze Nygade bemerken Flaneure kaum, da zieht Vimmelskaftet mit einem bei Straßenmusikanten beliebten Miniplatz die Aufmerksamkeit auf sich.

Bücher und Schnäppchen

Fliegende Händler und Straßenmusiker belegen gern die Bänke vor den schmiedeeisernen Gittern, die den Kirchhof der Helligåndskirke vom Amagertorv trennt. Neben der Kirche, die in ihrer heutigen Form nach dem Stadtbrand 1728 aus Ruinen einer Vorgängerin erwuchs, ist das **Helligåndshuset** aus dem späten 13. Jh. als einziger Flügel eines mittelalterlichen Klosters erhalten und heute eines der ältesten Gebäude der Stadt. Der imponierende Saal wird für Ausstellungen, Konzerte und immer wieder für **antiquarische Buchmessen** 1 (s. S. 99) genutzt – ein Paradies für Bibliophile. Unmittelbar bevor man die Kirche erreicht, kauft man im Schnäppchenmarkt **Søstrene Grenes** 2 (Amagertorv 24) das, von dem man vorher nicht einmal ahnte, dass man es überhaupt braucht. Auf jeden Fall gibt's hier reichlich Accessoires für stilechte ›Hygge‹, die dänische Variante der Gemütlichkeit.

Die gute Stube der Nation

Der Amagertorv, auf dem früher die Bauern von Amager Markt hielten, gilt als gute Stube der Nation. 1828 warteten hier die ersten Droschken auf Fahrgäste, heute sind es Rikschas. Der 1894 errichtete **Storchenbrunnen** 3 zeigt dem Namen zum Trotz Reiher und ist beliebter Treffpunkt. Nach Osten schaut man zwischen »Norden« und »Europa« – den populären Strøget-Cafés – auf den Højbro Plads mit einem Denkmal des axtschwingenden Kopenhagengründers **Absalon** 4 und weiter auf Schloss Christiansborg, Dänemarks Machtzentrum.

Sollten Sie gerade müssen müssen, kann der Ort nicht besser geeignet sein: Die 1902 unter dem Amagertorv angelegten öffentlichen **Toiletten** 5 sind Perlen des Jugendstils und widersprechen jedem Klischee: Sie riechen gut, sind sauber und echte Sehenswürdigkeiten.

Shop-Ikonen am Amagertorv

Drei berühmte Läden des Danish Design säumen die Westseite des Amagertorv und halten wenigstens im Sommer auch sonntagnachmittags die Tore auf: Das Designkaufhaus **Illums Bolighus** 3 (Amagertorv 10, www.illumsbolighus.dk) bietet dazu den Überblick auf hohem Niveau. Der Flagship-Store der Porzellanmanufaktur **Royal Copenhagen** 4 (Amagertorv 6, www.royalcopenhagen.com) sticht durch seine Renaissancefassade heraus. Sein blaues, handbemaltes ›Musselmalet‹-Geschirr ist seit 1775 im Programm und Teil des dänischen Kulturerbes. Eine Kaffeetasse mit Untertasse aus der goldbemalten Klassiker-Serie ›Flora Danica‹ – 1802 erstmals an die dänischen Royals ausgeliefert – kostet schon mal über 10 000 Kronen. Da ist die frech moderne ›Signatur-Serie‹, die das traditionelle Warenzeichen nicht versteckt auf dem Boden, sondern fett auf der Oberfläche trägt, mit rund 300 Kronen für Tasse und Untertasse geradezu ein Schnäppchen. Die **Silberschmiede Georg Jensen** 5 (Amagertorv 4, www.georgjensen.com) zeigt neben Schmuck und einer ganzen Etage von Silberantiquitäten auch viel zeitloses Design in Silber oder Edelstahl. Wollen

Konsum pur – das Kaufhaus Illum

Sie mal auf königlich Kopenhagener Geschirr und mit Georg-Jensen-Besteck Kaffee und Kuchen genießen? Das Sandsteinportal rechts am Royal-Copenhagen-Shop gibt den Durchgang zum **Royal Smushi Café** 1 frei.

Der edle Strich

Das **Illum** 6 ist ein Shop-in-Shop-Kaufhaus der starken Marken und für Kopenhagen etwa das, was das KaDeWe für Berlin und das Harrods für London sind. Es markiert den Übergang vom Amagertorv in die Østergade, den ›Edel-Strich‹. Hier lesen sich die Namen auf den Schaufenstern wie ein Who's who der dänischen und internationalen Modeszene. **Birger Christensen** 7 in Nr. 38 führt bekannte Labels wie Dior, DKNY oder Prada, ist aber vor allem durch seine Pelzmode bekannt, die das Unternehmen an den dänischen und den schwedischen Hof sowie an den russischen Geldadel liefert. In den Gassen, die die Einkaufsmeile nach rechts und links verästeln, setzt sich der Stil fort. Hier residieren junge Kreative, die sich die Mieten an Strøget noch nicht leisten können oder wollen: Schauen Sie ein paar Schritte die Pilestræde hinein: **Samsø & Samsø** 8 in Nr. 8C ist moderne Mainstream-Mode, während Charlotte Eskildsen mit ihrer **Designers Remix Collection** 9 im Eckhaus 8D und Keld Mikkelsen mit dem Concept Store seines Labels **DAY** 10 eine Tür weiter in Nr. 16 die Damen des besseren Gesellschaft anziehen. **Agent Provokateur** 11 in Nr. 6 liefert derweil stoffarme Bademode oder Edellingerie für die intimeren Augenblicke des Lebens.

Schlusspunkt Kongens Nytorv

Den Schlusspunkt setzt Kongens Nytorv. Im 17. Jh. als königlicher Stadtmittelpunkt angelegt ist es heute ein Knoten des öffentlichen Verkehrs. Rundum entstanden repräsentative Bauten wie **Det Kongelige Teater** 6 oder die Promiherberge **Hotel d'Angleterre** 7 (Kongens Nytorv 34, www.dangle terre.dk). »Die Wohnung hier ist sehr hübsch, aber es fehlen alle aparten Züge«, schrieb Theodor Fontane nach einem Aufenthalt im D'Angleterre 1864, trotzdem ließ er fast 30 Jahre später Effi Briest hier mit Innstetten literarisch Quartier nehmen. Ob er es aber wiedererkennen würde? 2013 öffnete das Haus nach zweijähriger Umbauzeit als luxuriösestes und bestes Hotel Nordeuropas wieder seine Tore.

Kaffee und Kuchen an Strøget

Royal Smushi Café 1: Amagertorv 6, 1160 Køb K, Tel. 33 12 11 22, www.royalsmushicafe.dk, Mo–Sa 10–19, So 10–18 Uhr, Smushi-Stück 48 DKK, 3 Stück 139 DKK. Im Café zeigt sich ein spannender Mix aus Modernismus und Traditionen – achten Sie genau auf die Gemälde, alle haben einen kleinen Gag, der sie als moderne Fakes entlarvt. Der kreative Kopf hinter allem ist Rud Christiansen, ein Kaffee-Maniac, immer auf der Suche nach der idealen Bohne und der perfekten Röstung, aus denen seine Barista dann Kaffeespezialitäten zaubern. Feiste Torten, kleines Gebäck oder ein Gläschen Champagner gibt's auch. Da die Dänen mittags aber lieber herzhaft zubeißen, fusionierte Rud dänisches Smørrebrød und japanisches Sushi zum Smushi – kleine kunstvoll drapierte Mini-Schnittchen im Canapé-Stil.

Konditori LaGlace 2: Skoubogade 3–5, 1158 Køb K, Tel. 33 14 46 46, www.laglace.dk. Am Rande der Strøget verwöhnt die Konditori LaGlace seit 1870 Leckermäuler mit Torten, Teilchen und anderem Hüftgold. Meine liebste Torte huldigt der Schriftstellerin und Kaffeefarmerin Karen Blixen: Über einen Schokoladenboden schmiegt sich eine Schicht Mokkatrüffel und darüber eine luftige Kaffee-Käse-Creme.

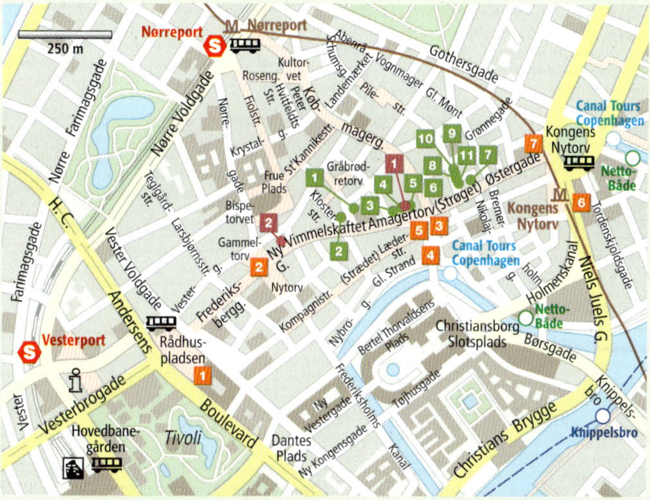

2 | Alte Häuser, lebendige Musik – Snarens Kvarter

Karte: ▶ F/G 5/6 | **Anfahrt:** Busse: Højbro Plads/Christiansborg; Canal Tours Copenhagen Hop-on-Hop-off: Gammel Strand

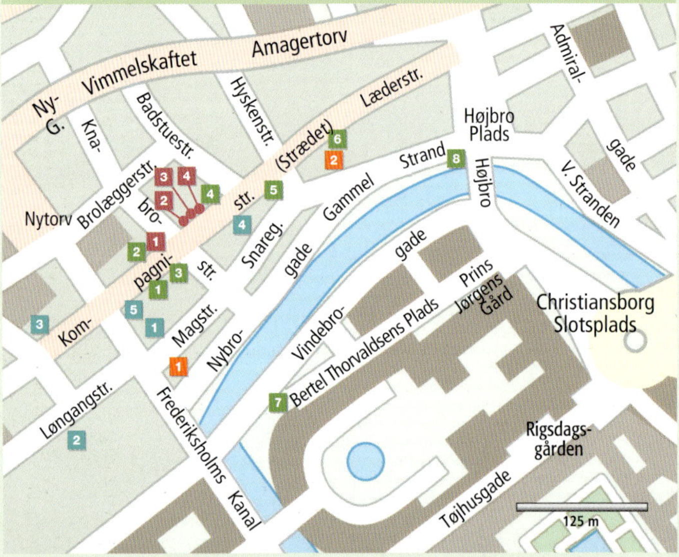

Kopenhagens älteste Gassen bilden in Snarens Kvarter eine historische Kulisse für ein junges Lifestyle-Viertel mit viel Musik am Abend. Mitten durchs Viertel zieht sich die Fußgängerzone Strædet wie ein Bypass zur überfüllten Strøget – origineller, innovativer und pfiffiger als die bekannte Nachbarin.

In Kopenhagens Keimzelle stehen die ältesten Häuser auf ›geschissenem‹ Grund: Magstræde und Hyskenstræde haben ihre Namen von ›mag‹ und ›hüsken‹, den Bedürfnisanstalten des späten Mittelalters, die auf Holzbrücken in den damals breiten Sund zwischen Festland und Slotsholmen (s. S. 44) ragten – die Geschäfte fielen nach unten: Auf dieser Grundlage steht die älteste Häuserzeile **Magstræde 17–19** 1. Äußerlich passend, innerlich ein Kontrast, wuchs in diesem historischen Umfeld **Huset-KBH** 1 aus einem 1970 besetzten Jugendzentrum zum vielseitigsten Kulturhaus der Stadt heran, mit Clubs, Theater, Café, Restaurant und Programmkino verteilt über vier Etagen. Hier erlebt man ständig Konzerte mit Musik, die noch nicht oder nicht mehr Mainstream ist, und Huset erfindet sich immer wieder überraschend neu: Zuletzt boomte das **Bastard Café** als offener Club für Gesellschafts- und Brettspiele, ein Gegenpol zur Welt der Computer-Gamer.

Blues, Rock, Jazz

Husets Haupteingang schaut zum Vandkunsten, einem quirligen Platz mit Kneipen, Cafés und Clubs. In der **Mojo Bluesbar** 2 beweist sich Nacht für Nacht, dass Blues nicht nur Musik alter schwarzer Männer ist, sondern aller Generationen und Hautfarben. Donnerstags hört man auf ›offener Bühne‹ häufig enthusiastische Jungmusiker, die zu so später Stunde nicht mehr als Gäste in den Club dürften. Der hat übrigens bisher alle gesetzlichen Rauchverbote ausgehebelt – Blues ohne Qualm oder gar mit Klimaanlage geht nicht, heißt es. Im **Drop Inn** 3 ist die Musik etwas härter und am Wochenende fangen die Konzerte – meist Rock – erst an, wenn anderswo die Instrumente eingepackt sind. Wo so viel Musik ist, kann Jazz nicht fehlen: Im **La Fontaine** 4 hört man ihn an Wochenenden live, sonst ›aus der Dose‹.

Shoppingalternative Strædet

Das La Fontaine liegt schon an Strædet, der entspannten Fußgängerzone voller Cafés und Restaurants mit Tischen vor der Tür. Die Shops wirken origineller als an Strøget. Hier sind kleine, unabhängige Läden zu Hause, keine Ketten, keine globalen Namen.

Die Keramikerin Susan Liebe lebt in einem der schönsten Fachwerkhäuser an Strædet und verkauft dort im ›Halbkeller‹ und im ersten Stock in ihrem **Liebeshop** 1 minimalistische Accessoires, die das Leben schöner machen, ohne dass man sie wirklich braucht – Schmuck, Porzellan, Taschen und mehr für Frauen und Kinder. Bunt ist das Billedleg-Holzspielzeug des Designers Lars Jensen, das gegenüber im Kellerladen

Übrigens: Galathea Kroen 5 trägt den Namen zweier dänischer Expeditionen rund um die Welt in den 1840ern und 1950ern, auf die ein irres wie originelles Sammelsurium exotischer Ethnografika an den Wänden Bezug nimmt. Passend dazu steht auf der Speisekarte seit 1953! eine auf malaiische Art zubereitete Reistafel (210 DKK), flankiert von einer sonst eher durch und durch dänischen Küche. Wenn die Essensgäste gegen 21.30 Uhr fertig sind, wird der Kro zur Musikkneipe, manchmal mit Livemusik, sonst greift man auf Vinyl- und CD-Raritäten zurück – Schwerpunkt Jazz. Rådhusstræde 9, 1466 Køb K, Tel. 33 11 66 27, Di–Sa ab 18 Uhr.

Dansk Håndværk 2 auf Kinderhände wartet – vom Greifring bis zum Kranwagen schlicht und solide in der Form, leuchtend in den Farben und ›handmade in Danmark‹. Klassiker ist der Geburtstagszug: Für jedes Jahr wird ein Waggon in neuer Farbe angehängt, der eine Geburtstagskerze trägt.

Wieder auf der anderen Straßenseite belegt der **Creol** 3 Schmuckladen einen lang gestreckten Keller mit erschwinglichem Schmuck, handgefertigt aus Edel- und Halbedelsteinen, auch Bernstein ist dabei, mal konservativ, mal innovativ. Originelle Accessoires vor allem für Kopf – die exklusiven Chapeauspiral-Hüte in modernem Ethno-Look – und Schulter – pfiffige Ponchos – steuert die Designerin Lotte Kibsgaard in ihrer Kellerboutique **Lotte K.** 4 bei.

Hinter den tief liegenden Fenstern des **Sølvkælderen** 5 blitzt und blinkt Silber ohne Ende, das meiste antiquarisch. Letzteres trifft auch auf die bibliophilen Schätze zu, mit denen **Peter Grossell's Antikvariat** 6 Buchlieb-

Die Gassen rund um den Gammel Strand strahlen eine fast dörfliche Ruhe aus

haber verzückt – neben wertvollen Büchern gibt es alte Karten und Grafiken. Das Antiquariat, eines der besten in Kopenhagen, belegt den ›Halbkeller‹ auf der Rückseite der **Kunstforeningen GL Strand** (s. nächster Abschnitt). Von dieser Seite ist der barrierefreie Zugang zu den Ausstellungen möglich.

Gammel Strand – die Schokoladenseite

Ohne den Metrobau (s. S. 8), der hier, wo Kopenhagens erster Hafen lag, ungeahnte archäologische Ausgrabungsmöglichkeiten eröffnet, ist der nach Osten mit Blick auf das Thorvaldsen Museum und Schloss Christiansborg offene Gammel Strand die Schokoladenseite des Viertels. Zum Zentrum hin säumen klassizistische Fassaden des Wiederaufbaus aus dem 19. Jh den Platz, die schönste ist jedoch ein halbes Jahrhundert älter, weil sie den Brand 1795 überstand. Sie ziert die ›Kunsthalle für Moderne und Gegenwartskunst‹ der traditionsreichen **Kunstforeningen GL STRAND** 2. Bei den fünf bis sechs großen Ausstellungen pro Jahr lohnt immer ein Blick ins Programm.

Edeltrödel und Designlampen

Montmartre-Flair mit viel Porzellan, Silber und anderem besseren Trödel kommt vor dieser Kulisse freitags und samstags auf den **Antik Marked** 7, der eigentlich auf Gammel Strand zu Hause ist, aber vom Metrobau in immer neue Exile in Sichtweite getrieben wird, zuletzt auf den Thorvaldsen Plads am anderen Ufer des Holmens Kanal. Vielleicht findet man an einem der Stände eine jener PH-Lampen, die der Designer und Gesellschaftskritiker Paul Henningsen in ihrer Urform schon in den 1920ern schuf und die als Klassiker bis heute produziert und überall, wo es gutes Design gibt, verkauft werden. Die aktuellen Varianten zeigt der **Louis Poulsen Showroom** 8.

Allgemeine Infos

Kunstforeningen GL STRAND: Gammel Strand 48, www.glstrand.dk, Di–So 11–17, Mi bis 20 Uhr, 65 DKK ab 16 Jahre

Bar-Infos

Huset-KBH: Rådhusstræde 13, tgl. mehrere Aufführungen und Konzerte Beginn 19–22 Uhr, Tickets ca. 50–200 DKK, Programm: www.huset-kbh.dk.
Mojo Bluesbar: Løngangstræde 21 C, 1468 Køb K, www.mojo.dk, tgl. 20–5 Uhr, Konzerte in der Regel ab 21.30/22 Uhr, einige gratis, sonst ab 70 DKK, ab 2 Uhr Nachtdisco
Drop Inn: Kompagnistræde 34, www.drop-inn.dk, Mo–Sa 12–5, So 14–22 Uhr, Konzerte ab 22, 24 oder 1.30 Uhr, teilweise Eintritt
La Fontaine: Kompagnistræde 11, www.lafontaine.dk, tgl. 20–5, Livemusik Fr, Sa 23–3 Uhr mit Eintritt, So 21–1 Uhr gratis

Shopping-Infos

Liebeshop: Kompagnistræde 23, www.liebeshop.dk
Dansk Håndværk/Billedleg: Kompagnistræde 20, www.billedleg.dk
Creol: Kompagnistræde 21, www.creol.dk
Lotte K.: Kompagnistræde 12, www.chapeauspiral.com
Sølvkælderen: Kompagnistræde 1
Peter Grosells Antikvariat: Læderstræde 15, www.grosell.dk
Antik Marked: zzt. Thorvaldsen Plads, www.antikmarked.com, Fr, Sa 7/9–17 Uhr
Louis Poulsen Showroom: Gammel Strand 28, www.louispoulsen.com

Essen und Trinken

RizRaz Sticks'n'Veggies 1: Kompagnistræde 20, www.rizraz.dk, tgl. 11.30–24 Uhr, Büffets ab 89 DKK, HG ab 115 DKK. Arabisch-mediterrane Küche mit Falafel, Tzatziki, Pizza und Co.
Café Stella 2: Kompagnistræde 18, www.cafestella.dk, So–Mi 9–1, Do 9–3, Fr, Sa 9–5, Küche tgl. bis 23 Uhr. Preiswerter Brunch und viel für den kleinen Hunger zu später Stunde, meist unter 100 DKK. Je später der Abend, desto mehr Cocktails gehen über die Theke, Rabatt gibt's ab zehn Drinks für Kollektivtrinker.
Lanterne Rouge 3: Kompagnistræde 16, www.facebook.com/lanterne rougekbh, Café und Weinbar mit französischer Note vom Frühstück (ab 10 Uhr) über pfiffige Kleinigkeiten zum langen Frokost (11–17 Uhr!) bis zum herzhaften Dinner (bis 22 Uhr), Spezialität: Moules Frites (Muscheln mit Pommes, Frokost 135 DKK, abends 195 DKK). Die Weinliste ist kurz, aber gut und die Kaffees (20 DKK) zählen zu den besten der Stadt!
Kreuzberg Bar & Café 4: Kompagnistræde 14 A, tgl. 8–24 Uhr, auf der Karte das meiste um 100 DKK. Eine Reminiszenz an Berlin mit Afri-Cola und immer ein paar deutschen Bieren auf der Karte. Vom Müslifrühstück bis zum Schlürschluck am Abend gibt's hier alles. Urdänisch sind zum Frokost drei *stykker uspecificeret smørrebrød*, Edelstullen nach Wahl des Kochs.

3 | Kontraste im alten Univiertel – Latinerkvarteret

Karte: ▶ F 5 | **Anfahrt:** Bahn/Metro/S-Bahn: Nørreport; **Busse:** Rådhuspladsen, Nørreport

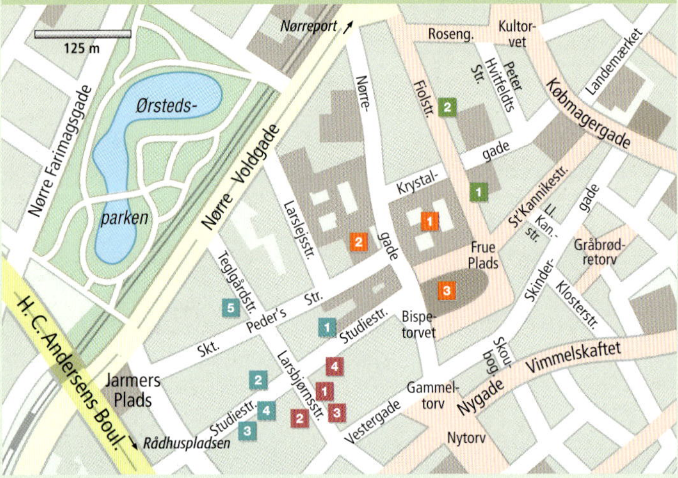

Latinerkvarteret, das alte Uni- und Studentenviertel, steht für exzentrische Klamotten, Secondhandshops, Plattenparadiese und Antiquariate, Tattoos, Comics, Schwulenclubs und ein paar französische Momente – in dem von Graffiti überzogenen Gassengewirr bietet jedes Haus eine Überraschung. Aber Orte der Ruhe gibt es auch – so in Kopenhagens deutscher Kirche.

Genaue Grenzen des Viertels mit den letzten im Zentrum verbliebenen Teilen der 1479 gegründeten **Københavns Universitet** 1 als Mittelpunkt sind nirgendwo definiert, aber das Viereck zwischen Strøget, Vester und Nørre Voldgade sowie Købmagergade trifft es ganz gut.

Pisserenden

Ausgeflippt, etwas schmuddelig und ziemlich schwul zeigt sich die Ecke, die dem Rathausplatz am nächsten liegt. Larsbjørns-, Teglgårds- und Studiestræde haben einen legendären Ruf als Kneipen- und Cafégassen und ihren Spitznamen ›Pisserenden‹ muss man kaum übersetzen. Er bildet eine frivole Identitätsklammer für Bewohner und Läden, mit der sie sogar ins Web gehen: www.pisserenden.com.

Vielleicht ergattern Sie an einem sonnigen Tag einen Platz an einem der Minitische vor **Baren Floss** 1 und können bei Espresso, Cappuccino oder einem Bier die Szenerie beobachten – die kleine Bar ist auch bei den Locals sehr verwurzelt und die Happy-Hour-Stunden montags bis donnerstags sind stadtbekannt. Sie mögen es aber lieber französisch? Obelix zeigt den Weg zum bretonischen Pfannkuchenrestaurant **La Galette** 2 (s. S. 94), während das **Bistro l'education national** 3 das normale Frankreich bei Küche und Stimmung so authentisch kopiert wie kein anderes Lokal der Stadt. Ungewöhnliches versucht das **Restaurant Krebsegaarden** 4: Die Macher fusionieren Kunst und Küche und passen ihre Menüs der jeweiligen Ausstellung in ihrer Galerie Krebsen an.

Übrigens: Das alte Zentrum Indre By, wurde im 18. Jh. neu kartografiert und in Vierteln, ›Kvarter‹, erfasst. Die dabei entstandenen ›offiziellen‹ Bezeichnungen sind weitgehend vergessen, nur historisch gewachsene Namen wie ›Latinerkvarteret‹ haben die Zeiten überdauert.

Das deutsches Element

Eine Gasse weiter im Westen zeigt Latinerkvateret ein anderes Gesicht: Die **Skt. Petri Kirke** 2, die Kirche der deutschen Gemeinde, gilt mit ihren Wurzeln im frühen 14. Jh. als älteste aller bestehenden Kirchen Kopenhagens. Sie wurde nie neu gebaut, sondern nach diversen Bränden und Beschädigungen immer wieder repariert und restauriert. Nach der Reformation erlebte sie ein säkulares Intermezzo als Kanonengießerei, ehe Frederik II. das Gebäude 1585 der deutschen Gemeinde zur Verfügung stellte. Der gehörten bis ins 19. Jh. viele Adelige und Höflinge an, die hinter der Kirche in Grabkapellen, wie sie im Norden einmalig sind, beigesetzt wurden. Es gehört zwar ein gewisses Maß an Spekulation dazu, aber in der Grabkapelle der Familie Schimmelmann liegen wahrscheinlich die sterblichen Reste des 1772 bestialisch hingerichteten Johann Friedrich Struensee. Der junge Leibarzt von Christian VII. war eine der schillerndsten Figuren der dänischen Geschichte und sein kurzer Aufstieg zur Macht und ins Bett der Königin wurde immer wieder literarisch wie in »Der Besuch des Leib-

Klassizistische Skulpturen von Bertel Thorvaldsen prägen den Innenraum der Vor Frue Kirke

arztes« von Per Olov Enquist, oder 2012 cineastisch in »Die Königin und der Leibarzt« mit Dänemarks Superstar Mads Mikkelsen als Struensee verarbeitet.

Dom und Fiolstræde

Latinerkvarteret litt besonders unter dem Beschuss Kopenhagens durch die Engländer 1807. Rund 14 000 Geschosse jagten die Briten in die Stadt, darunter 300 Brandraketen: Etwa ein Drittel der Bebauung ging in Flammen auf, darunter die alte Universität und die **Vor Frue Kirke** 3, der evangelisch-lutherische Dom. Der Wiederaufbau der Frauenkirche fiel in die Blüte des Neoklassizismus und zwei Exponenten dieses Stils prägten die Kirche. Architekt war C. F. Hansen, der zuvor viele öffentliche und private Bauten im damals zur dänischen Krone gehörenden Holstein bis nach Hamburg Altona hinein gebaut hatte, und für die Ausschmückung lieferte einer der bedeutendsten, europäischen Künstler der Zeit, der Bildhauer Bertel Thorvaldsen (s. S. 45), 14 große Skulpturen und zahlreiche Reliefs. Der monumentale Jesus am Altar gilt als eines seiner wichtigsten Werke überhaupt.

Hinter dem Chor der Domkirche verläuft die Fiolstræde. Ihr Name stand schon immer für Bücher. Die alte Universitätsbibliothek lag hier und ein Antiquariat reihte sich an das nächste. Die Branche erlebte in den letzten Jahren aber eine Krise, die nur wenige der Läden überstanden: Das **Paludan Bogcafé** 1 in Nr. 10 (s. S. 91) wählte den Weg, mit Kaffee, Kuchen und kleinen Herzhaftigkeiten die Einnahmen zu verbessern, doch Bücher gibt es noch reichlich. **Vangsgaards Antikvariat** 2 in Nr. 34 setzt auf Größe und gilt nach Übernahme einiger Mitbewerber als eines der größten Antiquariate Europas – auch deutschsprachige Titel gibt's regelmäßig, vor allem Klassiker.

Öffnungszeiten

Baren Floss: Larsbjørnsstræde 10, Mo–Do/Fr, Sa 14/13–2
Bistro l'education national: Larsbjørnsstræde 12, Tel. 33 91 53 60, www.leducation.dk, tgl. 11.30–24, Küche bis 22 Uhr
Restaurant Krebsegaarden: Studiestræde 17, Tel. 20 12 40 15, www.krebsegaarden.dk, Di–Sa 18–22 Uhr
Skt. Petri Kirke: Skt. Peders Stræde 2, www.sankt-petri.dk, April–Sept. Di–Sa 11–15 Uhr, Grabkapellen 25 DKK/ab 16 Jahre
Vor Frue Kirke: Nørregade 8, Kernzeit Mo–Sa 8–17, So 12–16.30 Uhr, Sa um 12 Uhr Orgelkonzerte
Paludan Bogcafé: Fiolstræde 10–12, www.paludan-cafe.dk, Mo–Fr 9–22, Sa, So 10–22 Uhr
Vangsgaards Antikvariat: Fiolstræde 34–36, www.vangsgaards.dk, Mo–Fr 9.30–18, Sa 10–15 Uhr

Schwulenbars

Entlang der Studiestræde liegen u. a.: **Jailhouse Cph** 1 (Nr. 12, www.jailhousecph.dk, So–Do/Fr, Sa 15–2/5, Küche Do–Sa 18–23 Uhr), nach der Selbstdarstellung Café und Restaurant im Gefängnis-Leder-Look, die **Cosy Bar** 2 (Nr. 24, So–Do 22–06, Fr 22–8 Uhr) für ganze späte Verabredungen, die entspannte **Masken Bar** 3 (Nr. 33, www.maskenbar.dk, So–Do/Fr, Sa 14–3/5 Uhr), die **Amigo Sauna** 4 (Nr. 31, www.amigo-sauna.dk, So–Do/Fr, Sa 12–7/8 Uhr) für lange, schweißtreibende Nächte, und in der Teglgårdsstræde 3 die **Men's Bar** 5 (www.mensbar.dk, tgl. 15–2 Uhr) für Lederboys.

4 | Das königliche Kopenhagen – Frederiksstaden

Karte: ▶ H 4/5 | **Anfahrt:** Metro: Kongens Nytorv; Busse: Bredgade, Store Kongensgade

›Masterplan‹ ist keine Erfindung unserer Zeit, allenfalls nannte Hofbaumeister Nicolai Eigtved es anders, als er im 18. Jh. zum 300-jährigen Jubiläum der Oldenburger auf dem dänischen Thron Pläne für das neue Viertel Frederiksstaden in prächtigstem Rokoko lieferte. Ins Zentrum platzierte er vier Palais um ein Oktagon auf eine Achse zwischen Hafen und einer Kuppelkirche.

Bauherren der vier baugleichen Palais waren Angehörige des dänischen Hochadels, von denen wohl niemand ahnte, dass ihre neuen Heime 50 Jahre später königlich werden sollten, weil die durch ein Feuer auf Christiansborg obdachlos gewordene Königsfamilie eine neue Bleibe brauchte.

Amalienborg

Heute nutzen Königin Margrethe II. und Prinz Henrik das **Christian IX's Palæ** 1 als Residenz, während das **Frederik VIII's Palæ** 2 mit rund 4500 m² Fläche für Kronprinz Frederik und seine munter wachsende Familie renoviert wurde. Im **Christian VIII's Palæ** 3 befindet sich das Amalienborgmuseet, das die Sammlung königlicher Erinnerungszimmer von Schloss Rosenborg (s. S. 78) fortsetzt.

Klopfen Sie einmal an die Kolonnade zwischen Margrethes Schloss und dem für Repräsentationszwecke genutzten **Christian VII's Palæ** 4: Was wie Stein aussieht, ist eine Holzattrappe. Davor gibt's jeden Tag um 12 Uhr mittags einen Wachwechsel: mit großem Aufgebot, wenn die Königin hier residiert – dann weht die Königsflagge über ihrem

Palais –, sonst mit kleiner Mannschaft. Zuvor marschiert die Garde durch die Innenstadt und Richtung Schlossplatz. Auf dessen Mitte fängt das pompöse **Reiterstandbild von Frederik V.** 5 – er war Auftraggeber für Frederiksstaden – alle Blicke: Der Franzose Jacques-Francois-Joseph Saly brauchte 14 Jahre, um es zu erschaffen. 1771 wurde es eingeweiht, da war Frederik schon fünf Jahre tot. Angeblich zahlte die Asiatisk Kompagni alle Rechnungen für Saly und seine große Entourage und so soll die Statue teurer geworden sein als die Palais rundherum.

Marmorkirken

Frederik V. wollte unter Kollegen protzen: Als Nicolai Eigtved Pläne für die Kirche vorlegte, hatte der Regent zwei Wünsche: Es sollte der höchste Kuppelbau Europas werden und bitte aus Marmor. Dann ging das Geld aus und erst 1894, fast eineinhalb Jahrhunderte nach der Grundsteinlegung, wurde die **Marmorkirken** 6 fertig: deutlich kleiner und weitgehend aus norwegischem Kalkstein. Dass nebenan goldene Zwiebeltürme der russisch-orthodoxen **Alexander-Nevsky-Kirche** 7 über der Bredgade erstrahlen, geht auf die Heirat der dänischen Prinzessin Dagmar mit Zar Alexander III. 1866 zurück. Als Maria Feodorowna wurde sie Mutter des letzten russischen Zaren und machte in 2006 noch einmal Schlagzeilen, als ihre sterblichen Überreste aus der Domkirche von Roskilde mit großem Pomp in die Familiengruft der Zarenfamilie nach Sankt Petersburg überführt wurden.

Öffnungszeiten

Amalienborg-Museet: Mai–Okt. tgl. 10–16, sonst Di–So 11–16 Uhr, 90 DKK, Kombi mit Rosenborg (s. S. 78) 130 DKK
Marmorkirken: Mo–Do, Sa 10–17, Fr/So 12–17 Uhr, gratis. Kuppel: Mitte Juni–Aug. tgl. 13, sonst Sa, So 13, 15 Uhr, Erw. 35, Kinder 20 DKK

Essen und Trinken

In Frederiksstaden sind heute Verbände, Firmenrepräsentanzen, Lobbyisten und ein paar Botschaften zu Hause. Da sind genug Besserverdiener unterwegs, die eine exquisite Gastronomie entlang der Store Kongensgade beschäftigen.
Ganz in alten *Smørrebrød*-Traditionen verharrt **Ida Davidsen** 1 in Nr. 70 (s. S. 97). **Madklubben Bistro-De-Luxe** 2 in Nr. 66 (Tel. 33 32 32 34, Küche Mo–Sa 17.30–22 Uhr) bricht mit Ritualen der Haute Cuisine: kein Vorstellen des Essens, kein Gerede über den Wein am Tisch, dafür moderne, dänische Küche effektiv serviert und das zu übersichtlichen, günstigen Preisen – drei Gänge, ab 200 DKK und ›gut is‹.
Für Exotik auf dem Teller mit moderner japanischer Küche und internationaler, aber etwas zu kalter Eleganz beim Interieur sorgt das **Umami** 3 in Nr. 59 (Tel. 33 38 75 00, Küche Mo–Do 18–22, Fr/Sa bis 23 Uhr), etwa 300–400 DKK sollte man zum Sattwerden kalkulieren – nach dem Dinner geht's mit Cocktails aus der UBAR weiter.
Das Gourmetbistro **rebel** 4 in Nr. 52 (Tel. 33 32 32 09, www.restaurantrebel.dk, Küche Di–Sa 17.30–22.30 Uhr), 2015 mit einem Bib Gourmand ausgezeichnet, setzt auf frische, dänisch-französische Küche und lässt den Gast aus rund einem Dutzend ›kleiner Gerichte‹ (um 100 DKK) wählen, von denen drei bis vier eine vollständige Mahlzeit ergeben. Der ›rebellische Abend‹ bringt 7 Gänge und passenden Wein für rund 1400 DKK auf den Tisch.

5 | Spaß seit Generationen – Tivoli

Karte: ▶ E/F 6 | **Anfahrt:** Bahn/Bus: Hauptbahnhof; Bus: Rådhuspladsen

Was ist das Tivoli? Ein Vergnügungspark? Nein! Nein! Nein! Das klingt zu sehr nach Pauschalspaß. Tivoli ist eine Institution mit über 170 Jahren Geschichte und Kultur, oft romantisch, manchmal schrill, selten kitschig, immer charmant.

Urdänische Stimmungslokale. Gourmetrestaurants. Würstchen- und Eisbuden. Einarmige Banditen. Theater. Achterbahnen und Kinderkarussells. Das Tivoli ist ein Park für alle Geschmäcker, Generationen und soziale Schichten. Es stellt für Kopenhagens Kulturleben die Open-Air-Bühne **Plænen** 1, **Tivoli Koncertsalen** 2 mit 1800 Plätzen und den anmutigen **Glassalen** 3 für Revuen, intime Konzerte und Comedy. Tivolis Ballettaufführungen haben Weltruf, Klassikkonzerte – Tivoli besitzt ein eigenes Symphonieorchester – bringen Solisten und Ensembles aus aller Welt auf die Bühne. Und beim ›Fredags-Rock‹ geben sich Größen aus Rock und Pop die Mikrofone in die Hand.

Nehmen Sie unbedingt den Haupteingang: Hinter dem Tor wartet an einer schattigen Allee der typische Kulturmix. Links das **Pantomimeteatret** 4, das sich wie ein chinesisches Pfauentheater zeigt, aber die Kunst der italienischen Commedia dell'Arte dänisch interpretiert. Rechts der **Promenadenpavillon** 5, aus dem leichte Klassik eines Salonorchesters klingt, und voraus das **Nimb** 6, ein ›maurisches Bazargebäude‹ mit Kuppeln und Minaretten und einem Meer von Glühlampen. Georg

Carstensen, der das Tivoli 1843 gründete, wollte arabische Elemente – der Diplomatensohn wurde in Algerien geboren. Aktuell beherbergt das **Nimb** (www.nimb.dk) eines der exklusivsten Boutiquehotels in Europa mit individuell und luxuriös eingerichteten 17 Zimmern und Suiten – die besten über 130 m² mit Terrasse zum Park im Sommer für ca. 25 000 DKK/Nacht –, mehreren Restaurants, einer Cocktailbar und einer bestens bestückten Vinothek, in der edle Grand Crus auf junge – auch die gibt es – dänische Weine treffen. Tivoli kann eben auch dekadent und dekantieren.

Spaß für alle

Trotz aller Traditionen kann sich das Tivoli dem Höher-schneller-schriller-Wettstreit mit anderen Parks nicht entziehen. So rasen Besucher mit 80 km/h auf der wirr in sich verdrehten Achterbahn **Dæmonen** 7 mit drei Loops durch die Nordostecke des Parks, das höchste Kettenkarussell der Welt, **Himmelskibet** 8, lässt Wagemutige 80 m über dem Park durch die Luft sausen und **Vertigo** 9, eine gigantische, interaktive Schleudertrommel im Flugzeugdesign, bietet unüberhörbar den größtmöglichen Kreischfaktor – jedes Jahr kommt eine schlagzeilenträchtige Neuerung hinzu.

Tivoli wäre aber nicht Tivoli, kämen nicht auch kleinste Besucher zum Zuge. Auf gut einem Dutzend Fahrgeschäften fahren sie mit leuchtenden Augen und klopfenden Herzen allein ihre Runden und auf dem Spielplatz **Rasmus Klumps Verden** 10 begegnen sie der beliebtesten Komikfigur, die Dänemark je hervorbrachte. Rasmus Klump kennt man andernorts besser als Petzi, der mit seinen Freunden Pelle, Pingo und Seebär auf dem Schiff Mary Abenteuer in aller Welt erlebt.

Eingänge, Saison, Preise

Infos und Online-Tickets: www.tivoli.dk, Haupteingang mit Ticket-Center und Wechselstube: Vesterbrogade 3, So–Do 11–23, Fr/Sa –24 Uhr, Sommersaison: April–Ende Sept., Halloween: Kalenderwoche 42–44, Weihnachts-Tivoli: Mitte Nov.–Anfang Jan. 99 DKK/ab 8 Jahre, pro Erw. 4 Kinder bis 7 Jahre gratis, Zuschläge bei Events z. B. Freitags-Rockkonzerte, Fahrgeschäfte 25–75 DKK oder Turpas (= Flatrate) 209 DKK, Pakete für Eintritt, Turband, Essen ab 339/239 DKK, Jahreskarten lohnen ab 3. Besuch.

Essen und Trinken

Für die Kopenhagener ist das Tivoli immer eine Option, essen zu gehen, egal ob romantisch zu zweit, mit Geschäftsfreunden oder zu einer Familienfeier – drei Dutzend Restaurants pflegen die Küchen der Welt in allen Preisklassen.

Amerikanische Küche mit Burger und Spareribs serviert für rund 100 DKK das **Woodhouse** 1 (Tel. 33 75 07 43) hinter großen Panoramafenstern mit Blick auf die Open-Air-Bühne Plænen.

Piraten habe die ehrwürdige Fregatte Skt. Georg III. – ein Nachbau im Stil des 18. Jh. – auf dem Tivoli Sø übernommen: Im **Pirateriet** 2 (Tel. 33 75 07 45) gibt's Plätze auf und unter Deck. Die Küche setzt dezent karibische Akzente, Kindern soll's schmecken. Die werden unter 100 DKK, Erwachsene bis ca. 200 DKK satt.

Das populärste Fotomotiv im Tivoli wurde kurzerhand vom chinesischen zum japanischen Turm, weil Sushi heute angesagter ist als süßsauer, das hier Jahrzehnte serviert wurde. **Det Japanske Taarn** 3 (Tel. 33 33 78 00)

hat aber auch Wok- und Steakgerichte auf der Karte.
Den schönsten Blicke auf die Skt. Georg III. und Det Japanske Taarn bietet die Seeterrasse des **Færgekroen Bryghus** 4 (Tel. 33 75 06 80), das für urdänische Stimmung steht. An Wochenenden spielt der Mann am Klavier Stimmungslieder für ein Bier, das aus dem eigenen Braukessel kommt. Dazu gibt's bürgerliche Küche mit Wiener Schnitzel, gebratener Scholle oder Rib Eye Steak (ab 200 DKK).
Drei der **Nimb-Restaurants** (www.nimb.dk) sind auch außerhalb der Tivoli Saison via Bernstorffsgade 5, 1577 Kbh. V., zugänglich: Die **Brasserie** 5 (Tel. 88 70 00 10, tgl. 7–24 Uhr) bringt französische Küchenideen und dänische Rohwaren zusammen (Frokost ab ca. 130 DKK, abends HG um 250 DKK, Menü ca. 400 DKK). Mit kleiner Karte setzt der Tempel der Fleischeslust **Bar'n'Grill** 6 (Tel. 88 70 00 60, nur abends) vor allem auf perfekt Gegrilltes von Kalb und Ochsen – die besten Stücke vom Wagyu Rind können da schon mal fast 700 DKK kosten – und **Fru Nimb** 7 (Tel. 88 70 00 20) pflegt die Kunst des Smørrebrød von Klassikern bis Experimentellem und das nicht nur zum Frokost, sondern auch abends (ca. 100–170 DKK/Schnittchen).

Wohnen wie im Tivoli

Tivoli Hotel 1, Arni Magnussons Gade 2, 1577 Køb V, Tel. 44 87 00 00, www.tivolihotel.dk, S-Bahn: Dyppelsbro 600 m, flexible Preise je nach Tivolisaison und Kongressen, Angebote mit Tivoli-Besuchspaket. Kopenhagens erstes Themenhotel greift überall im Inneren Figuren, Symbole und Charme des Tivoli auf, auch in einigen Themenzimmern. Das Hotel liegt aber nicht am Tivoli, sondern in Gehentfernung (ca. 1200 m) am Tivoli-Congress-Center, Stadtbus 30 fährt fast von Tür zu Tür.

Jung und Alt kommen im Tivoli gleichermaßen auf ihre Kosten

6 | Eine Insel der Macht – Slotsholmen

Karte: ▶ F/G 5/6 | **Anfahrt:** Busse: Børsen, Christiansborg, Nationalmuseet; Havnebus: Kgl. Bibliotek

Geschichte und Gegenwart Dänemarks sind auf Slotsholmen eng miteinander verwoben: Auf der Schlossinsel kann man zur Wiege der Hauptstadt hinabsteigen und zum Machtzentrum des modernen Dänemark aufblicken.

In dem von drei Kronen gezierten, bis zur Spitze 106 m hohen **Turm** 1 des heutigen Christiansborg residiert das populäre Restaurant **Bojesen i Tårnet,** dekoriert mit imponierenden Gipsskulpturen und -modellen aus der Bauzeit des Schlosses. Noch eine Treppe höher, 44 m über dem Boden, erlaubt **Udsigten,** eine königliche Aussicht über Stadt und Hafen. In Katakomben unter dem Turm kraxelt man derweil zwischen den Ruinen jener **Absalons Borg** herum, die Stadtgründer Bischof Absalon 1167 auf der Insel bauen ließ. Mit der Zeit rückte die Stadt näher, Sunde verengten sich zu Kanälen. Eine zweite Burg ersetzte die erste, dann folgten zwei Schlösser, die niederbrannten. Seit 1928 ragt das neobarocke Christiansborg auf, als demokratisches Schloss geplant – mächtig die Mauern, mächtig die Institutionen dahinter: Der Regierungschef, wichtige Minister, das Parlament Folketing und das höchste Gericht residieren und die Königin repräsentiert hier. Vom Barockschloss des 18. Jh. stammen rund um die Reitbahn Ställe und das alte Hoftheater, auf dessen Bühne H. C. Andersen als Ballettschüler so kläglich scheiterte, dass er lieber Märchen schrieb, und das heute als **Teatermuseet** 2 dient. Die **Slotskirke** 3 gehörte zu jenem neoklassizistischen Ensemble, das im Oktober 1884 in Flammen aufging, knapp 56 Jahre nach der Einweihung.

Königlich und demokratisch

Höhepunkt in den **Königlichen Repräsentationsräumen** 4 im Westflügel sind 17 comicartige Gobelins, ein Kaleidoskop der Geschichte des Königreichs und der Welt von der Wikingerzeit bis in die Zukunft. Sie wurden 1990 zum 50. Geburtstag der Königin in Auftrag gegeben, vom avantgardistischen Multikünstler Bjørn Nørgaard entworfen und ihr zum 60. übergeben. Margrethe II. stiftete sie ihrem Volk. Im Ostflügel ist an sitzungsfreien Tagen das **Parlament Folketing** 5 zu besichtigen.

Ruhe und Gedenken

Schräg gegenüber geben drei Torbögen den Weg in ein kleines Paradies frei: Wer die Ruhe im **Kongelige Biblioteks Have** 6, dem idyllischen Garten der Königlichen Bibliothek, genießt, ahnt kaum, dass hier noch im 19. Jh. Schiffe der Marine am Zeughaus festmachten, das heute als **Tøjhusmuseet** 7 Militaria zeigt. 1868 wurde der Tøjhushavn zugeschüttet, 1906 entstand dann über der alten Hafeneinfahrt **Det Kongelige Bibliotek** 8, Skandinaviens größte Bibliothek. Sie bekam 1999 eine spektakuläre Erweiterung, Den Sorte Diamant, ein tiefschwarzer Kasten aus Glas und Granit.

Übrigens: Bertel Thorvaldsen (1770–1844) vermachte viele eigene Werke sowie eine große Sammlung antiker und zeitgenössischer Kunst seiner Geburtsstadt, die ihm zu Ehren das **Thorvaldsens Museum** 11 errichtete. Er selbst ist im Innenhof beigesetzt.

Vom Bibliotheksgarten zugänglich ist das von Daniel Libeskind entworfene **Dansk Jødisk Museum** 9. Er wollte hier die positive Erfahrung der Juden in Dänemark visualisieren und das Wunder von 1943: Fast alle dänischen Juden konnte über den Øresund nach Schweden gerettet und damit vor der Deportation bewahrt werden.

Auch wenn es nicht das größte Gebäude auf Slotsholmen ist, das auffälligste ist es auf jeden Fall: **Børsen** 10, die 1640 fertiggestellte alte Börse – damals eine Art Warenmarkt – ist einer der schönsten Renaissancebauten Kopenhagens. Ihr Wahrzeichen ragt auf dem Dach in die Höhe: vier Drachen, die ihre Schwänze ineinander verdrehen.

Öffnungszeiten und Eintritt

Christiansborg: (www.christiansborg slot.dk) u. a. mit **Absalons Burg:** 50 DKK, **Königliche Repräsentationsräume:** 80 DKK, beide Mai–Sept. tgl., sonst Di–So 10–17 Uhr, und **Teatermuseet:** 40 DKK, Di–Do 11–15, Sa, So 13–16 Uhr; Kombiticket 120 DKK; Turm Di–So 11–21 Uhr, gratis. **Tøjhusmuseet:** Di–So 12–16 Uhr, gratis. **Dansk Jødisk Museum:** Juni–Aug. Di–So 10–17, sonst Di–Fr 13–16, Sa, So 12–17 Uhr, 50 DKK. **Thorvaldsens Museum:** Di–So 10–17 Uhr, 40 DKK, Mi gratis.

Essen und Trinken

Bojesen i Tårnet 1 (im Turm, Tel. 33 37 31 00, www.taarnet.dk, Di–So ab 11.30 Uhr), hohe Lage, bodenständige Küche und Preise (Frokost ab ca. 100 DKK, abends HG ab 225 DKK). **Slotskælderen Hos Gitte Kik** 1 (Fortunstræde 4, 1065 Køb K, Tel. 33 11 15 37, Di–Sa 10–17, Küche bis 15 Uhr, im Juli geschl.) gilt als inoffizielle Parlamentskantine. Seit 1910 werden appetitliche Smørrebrød (ca. 70–130 DDK) gereicht! Prickelnder sind die Cocktails der **K Bar** 1 (s. S. 107) nebenan.

7 | Kopenhagen maritim – Bummel zur Meerjungfrau

Karte: ▶ H/J 5–3 | **Anfahrt:** Canal Tours Copenhagen Hop-on-Hop-off: Nyhavn/Meerjungfrau; Havnebus: Nyhavn/Nordre Toldbod; Bus 26: Kongens Nytorv/Langelinie kaj

Jeder will sie sehen: die Kleine Meerjungfrau. Bummeln Sie doch zu ihr am Hafen entlang – mit Blick auf die neue Oper und die historischen Bauten von Holmen am anderen Ufer und besuchen Sie nach der Meerjungfrau auch ihre genmodifizierte Schwester.

Nyhavn

Start ist am **Nyhavn** 1, ein Stichkanal, der seit dem 17. Jh. den Kongens Nytorv an den Hafen anbindet. Oldtimerkähne liegen vor bunten Häusern und am sonnenbeschienenen Nordufer ist in fast jedem Haus ein Lokal – von der Kellerkneipe bis zum Gourmetrestaurant, alle mit Straßencafés vor der Tür. Wer deren Preise nicht zahlen will, holt sich ein Bier aus dem **Kellerkiosk** 1 in der Lille Strandstræde und hockt sich auf die Kaimauer.

Der Märchendichter H. C. Andersen liebte die seinerzeit noch frivolere Atmosphäre des Nyhavn und wohnte hier drei längere Perioden. Dem alten Nyhavn begegnet man in Nr. 7 mit der letzten Rotlichtbar und dem **Hong Kong** 1. Das ist trotz des Namens urdänisch, hat *dognåbent*, also rund um die Uhr geöffnet und versteht sich als ›Sozial- und Gesundheitsverwaltung, Nyhavns mentalhygienische Klinik‹, so ein Schild am Eingang. Auch eine Reminiszenz an alte Zeiten ist das Kellerstudio des **Tattoo Ole** 2 in Nr. 17, wo sich schon der Vater von Königin Margrethe, Frederik IX., tätowieren ließ und wo heute eine Frau die Nadel führt. Für Schiffsverkehr im Nyhavn sorgen Hafenrundfahrt-Boote und Schiffe von Spar Shipping (s. S. 69), die auf Höhe des **Speicher-Hotels Nyhavn 71** 1 ablegen. Wo Nyhavn auf den Innenhafen trifft, überspannt den die neue Fußgänger- und Radfahrerbrücke **Inderhavsbroen,** die Ende 2015 mit mehrjähriger Verspätung fertig wurde: Die ungewöhnliche Schiebetechnik war wohl etwas zu kompliziert geplant gewesen.

Die Promenade

Um das 2008 eröffnete **Skuespilhuset** 2 können Sie auf der Hafenseite über ein Promenadendeck herumgehen, bei schönem Wetter praktisch durch das Open-Air-Café des Theaterrestaurants **Ofelia** 2 – eine bessere Hafenaussicht hat an diesem Ufer kein Lokal. Aus der Mole des alten Passagier- und Überseekais **Kvæsthusbroen** 3 auf der Nordseite des Schauspielhauses wird – Eröffnung voraussichtlich Frühjahr 2016 – ein urbaner, auf drei Seiten von Hafenwasser umgebener Platz mit darunter liegender Tiefgarage, eine bautechnische Herausforderung.

Am **Hotel Admiral** 2 beginnt der schönste Abschnitt der Hafenpromenade. Am lang gezogenen Kai vor Schloss Amalienborg (s. S. 39) liegen oft Großsegler oder Superyachten und am anderen Ufer fasziniert ein pittoresker Mix aus Alt- und Neubauten. Markant sind der **Mastkran** 4 von Holmen, dessen klotziger Unterbau nur eine steinerne Schale ist, um die Holzkonstruktion des Krans vor Wind und Wetter zu schützen, und die gut 250 Jahre jüngere **Operaen** 5 mit ihrem ausladenden Vordach. Als 2005 der Vorhang aufging, waren etwa 335 Mio. € verbaut, spendiert von Mærsk Mc-Kinney Møller. Der inzwischen verstorbene Industrielle und Großreeder – ihm gehörte die größte Reederei der Welt, Mærsk, an deren Zentrale dieser Rundgang gleich vorbeiführt – galt Jahrzehnte als reichster Däne und war gut befreundet mit dem Königshaus. Kritiker monierten, wie selbstherrlich ›Herr Møller‹ Standort, Architekten – Henning Larsen – und ausschmückende Künstler wie Per Kirkeby und Ólafur Elíasson bestimmte und dass die moderne Oper die historische Harmonie der Achse von Marmorkirche und Amalienborg störe.

David und die Asenjungfrau

Auf der Promenade weist ein 6 m hoher Nackter, die Bronzekopie von Michelangelos David, den Weg zu **Den Kongelige Afstøbningssamling** 6, eine einzigartige Sammlung von über 2300 Gipskopien bekannter Skulpturen und Reliefs aus 4000 Jahren Kunstgeschichte, darunter die Venus von Milo und der Pergamonaltar. Aus Bronze und Granit besteht **Gefionspringvandet** 7, der Gefions-Brunnen, die größte Einzelskulptur der Stadt. Gefion, eine Asenjungfrau der nordischen Mythologie, pflügte nach einer Wette die Insel Seeland, auf der auch Kopenhagen liegt, aus dem schwedischen Festland heraus, musste dafür aber vier Söhne, die sie mit einem Riesen gezeugt hatte, in Ochsen verwandeln und vor den Pflug spannen.

Die Kleine Meerjungfrau

Was die Anziehungskraft angeht, hängt die nur 125 cm große **Lille Havfrue** 8 David und Gefion jedoch um Längen ab: Die Kleine Meerjungfrau schuf Edvard Eriksen 1913 im Auftrag des Brauereierben Carl Jacobsen (Carlsberg) nach der Figur aus dem Märchen von H. C. Andersen: Eine Nixe liebte einen Prinzen, aber Wasserfrau und Mensch, das ging

Übrigens: Die Erben des Edvard Eriksen verkaufen **Bronzereplikate** der Lille Havfrue in drei Größen, gegossen mit Abdruckformen, die der Künstler hinterließ. Die größte Version für 550 000 DKK plus Steuern und Lieferkosten wiegt gut drei Zentner: www.mermaidsculpture.dk.

nicht gut und so endete sie mit melancholischem Blick auf ihrem Findling an der Langelinie – als sie enthüllt wurde, war ihre Freizügigkeit und damit verbunden die Frage, wer Modell saß, noch ein Gesellschaftsskandal. Tagaus, tagein wird bei ihr Hof gehalten, tausendfach im Sommer und selbst bei Schnee und Regen kommen Fans. Leicht ist ihr Leben nicht: Auf ihr posierten Pornodarsteller, zweimal wurde sie geköpft, einmal sägte man ihr ein Stück aus dem Arm und man sprengte sie vom Sockel – symbolträchtig am 11. September 2003. Gut, dass die Erben noch Gussformen besitzen. Die Dame ist auch reisefreudig: 2010 saß sie im dänischen Pavillon der EXPO in Shanghai, an der Langelinie in Kopenhagen sah man sie nur verpixelt per Livestream auf einer Videowand. Außerdem hat sie eine Schwester, in Pose und Größe ähnlich, aber sonst verfremdet: **Den genmodificerede Havfrue** 9 schuf der Multikünstler Björn Nørgård (s. S. 4) für die EXPO 2000 in Hannover. Angesichts der Begründung, warum die echte Meerjungfrau in Shanghai war – »nur mit dem Original kann man dem Chinesischen Volk die nötige Wertschätzung zeigen« – kommen deutsche Besucher natürlich ins Grübeln!

Öffnungszeiten

Den Kongelige Afstøbningssamling: Toldbodgade 40, www.smk.dk, Di 10–16, So 14–17 Uhr, gratis

Essen und Trinken

Nyhavns Færgekro 1 (s. S. 96) gibt Stärkung zu Beginn der Tour. Das **Ofelia** 2 im Schauspielhaus ist innen edel, draußen ganz casual (Mo–Sa 10–23, So –16 Uhr). Im **Kafferiet** 3 (s. S. 91) greift man zu Kaffeespezialitäten ›to go‹. Perfekten Blick auf den Hafen bieten Indoor- wie Outdoorplätze des **Toldboden** 4 (Nordre Toldbod 24, Tel. 33 93 07 60, Mai–Sept. tgl. 10–22, Fr, Sa –2 Uhr) mit seiner modern-maritimen Küche – Spezialität: Fish & Chips – zu moderaten Preisen. Populär ist Sa, So das Brunch-Büffet für ca. 225 DKK (unbedingt reservieren!).

Wohnen

Ganz maritim wohnt man im **71 Nyhavn** (s. S. 89) oder im **Copenhagen Admiral Hotel** (www.admiralhotel.dk), das mit insgesamt 366 Zimmern einen gewaltigen Kornspeicher aus dem späten 18. Jh. füllt – innen imponieren mächtige Balkenkonstruktionen.

Shoppen

Modeschnäppchen bieten die **Langelinie Factory Outlets** 3 (s. S. 102).

8 | Am anderen Ufer – Christianshavn und Christiania

Karte: ▶ H/J 6 | **Anfahrt:** Metro/Busse: Christianshavn; Bus 66: Christiania

Der schillernde Renaissancekönig Christian IV. ließ Christianshavn Anfang des 17. Jh. in das Sumpfland auf der anderen Seite des Hafens rammen und holte dafür holländische Baumeister – die Ähnlichkeit mit Amsterdam ist kein Zufall.

Klein-Amsterdam

Mitten durch das Viertel zieht sich der Christianshavn-Kanal, gesäumt von Häusern aus dem 17. bis 19. Jh. Auf dem Wasser dümpeln Segel- und Hausboote. Diese charmante Atmosphäre hat aus dem Armenhaus des 19. und dem Arbeiterquartier des 20. ein hippes Trendviertel des 21. Jh. werden lassen. Je näher am Wasser, desto schöner ist es zu erleben, nirgendwo besser als bei einem Bier oder einem der guten Kaffees auf dem Hausbootcafé von **Christianhavns Bådudlejning & Café** 1.

Überblick

Als Jules Verne seine Protagonisten auf die ›Reise zum Mittelpunkt der Erde‹ schickte, testete er ihre Schwindelfreiheit auf dem 90 m hohen Turm der barocken **Vor Frelsers Kirke** 1: Um die Turmspitze wendelt sich eine Außentreppe bis zur Weltkugel, auf der ein Christus mit Wetterfahne steht. Der Aufstieg ist steil, eng, 400 Stufen lang und es kann laut werden, wenn die Glocken im Turm klingen. Der besitzt Nordeuropas größtes Carillon, ein Glockenspiel mit 48 Glocken, die von 8 bis 22 Uhr je-

Buntes Treiben im autonomen Christiania: mit Kind und Kegel bzw. Hund

de Stunde automatisch gespielt werden, außerdem oft manuell bei Konzerten. Im Inneren der Kirche beeindrucken der Altar, der für eine protestantische Kirche eigentlich sehr katholisch wirkt, und die gewaltige, üppig verzierte Barockorgel, die mit ihren rund 4000 Pfeifen von zwei Elefanten getragen scheint.

Christiania

Gleich unterhalb des Kirchturms liegt ein Stück Kopenhagen, das eigentlich nicht dazugehören will: Christiania, die putzmuntere Legende der Hippiezeit und nach inoffiziellen Besucherzahlen eine der größten Touristenattraktionen Kopenhagens. Die für die Bewohner erträglichste Art, sie als Tourist zu besuchen, ist die Teilnahme an Führungen, die Christianias **Rundvisergruppen** 2 – wirkliche Insider – anbieten.

Die selbsternannte Freistadt wurde 1971 von Hausbesetzern auf einem verlassenen Kasernengelände gegründet. Heute leben auf den 34 ha gut 750 Christianitter. Das Durchschnittsalter liegt knapp unter 50, trotz zahlreicher Familien mit Kindern.

Dass Christiania in über vier Jahrzehnten auf des Messers Schneide zwischen legal und illegal nie geräumt wurde und selbst Zeiten mit konservativen Regierungen überlebte, dokumentiert den Pragmatismus dänischer Politik: Christiania war immer ein Ventil für die sozialen Probleme, also kreierte die Politik das ›Soziale Experiment‹ und arrangierte sich. Unternehmen aus Christiania treiben mit der Außenwelt Handel und zahlen normale Steuern, manche exportieren weltweit wie die Christiania Smedie ihre dreirädrigen Lasten-Fahrräder, die als Kindertransporter zum Kopenhagener Alltagsbild gehören. Fast genau 40 Jahre nach der ›Besetzung‹ wurde das Gelände weitgehend legalisiert: Eine Stiftung, an der Staat wie Bewohner, die ihren Anteil über Volksaktionen aufbringen, beteiligt sind, hat das Gelände übernommen und vermietet es an die Christianitter. Etwas Streit gibt es allenfalls noch, wenn sich die neue Ordnung mit dem Selbstbestimmungsrecht der alten Hippie-Ideale reibt.

Kontraste

Bummelt man am Ufer des Stadsgraven entlang, an dem die Häuser mit der kreativsten Architektur stehen, oder durch das dörfliche **Mælkebøtten** 3, spürt man überall die kollektiven Ideen der Gründergeneration. Dem gegenüber steht der millionenschwere, offene Handel mit allem, was THC enthält, von Haschisch bis Marihuana in der **Pusher Street** 1; inklusive vorgerollter Joints im Schmuckkästchen. Gleich daneben floriert ein **Markt** 2 mit Kiffer-Utensilien und Devotionalien der Love-and-Peace-Generation. Versuche, den Drogenhandel zu unterbinden, endeten bisher immer im Fiasko, weil er sich dann sofort in der ganzen Stadt ausbreitet und – was in Christiania rigoros durch Selbstkontrolle unterbunden wird – Heroin und Designerdrogen zusammen mit den weichen Drogen gedealt werden. Also lässt man Christiania lieber Freiräume. Als Besucher sollte man nur die ›No Foto‹-Warnschilder respektieren und niemals Drogenhandel oder -konsum fotografieren. Wer eine Dealer-Bude mit Auslagen gefahrlos aufs Foto bannen möchte, findet ein Originalexemplar im Nationalmuseum (s. S. 60), in der Abteilung zur dänischen Gegenwartskultur. Nach dem Shopping kann man im **Café Nemoland** 1 ganz entspannt schauen, was man in der Tüte hat. Dieses alternative Partydorf zeigt sehr krass die Ankunft der Partygesellschaft in der Aussteigerwelt.

Christiania Light

Nicht jedem behagt die Pusher Street, sie ist jedoch weit weg, wenn man für einen kurzen Eindruck nach Christiania ›einreist‹ und sich am **Loppebygningen** zwischen den **Haupteingängen** 4 umschaut, mit dem **Galopperiet – Stadens Museum for Kunst** 5 (Di–So 14–19 Uhr), der Galerie, die kreative Christianitter oder Künstler, die in der Freistadt gearbeitet haben, im Monatswechsel präsentiert. Außerdem ist in dem lang gestreckten Ex-Depot Christianias ›Gourmet Tempel‹ **Spiseloppen** 2 zu Hause, dessen experimentelle Cross-over-Küche perfekt zur Freistadt passt, aber weit über deren Grenzen anerkannt wird. Einen Stock tiefer steht der **Club Loppen** 2 für ein ambitioniertes Konzertprogramm mit jeder Form von Indie-Musik (Programm www.loppen.dk).

Infos und Öffnungszeiten

Vor Frelsers Kirke: Sankt Annæ Gade 29, www.vorfrelserskirke.dk, Kirche tgl. 11–15.30 Uhr, Turm März–Mitte Dez. Kernzeit 10.30–16, Spitzentage 9.30–19.30 Uhr, je nach Saison 35–45 DKK, Kinder bis zu 10 DKK

Christiania Führungen: dän./engl. im Sommer tgl., sonst Sa, So 15 Uhr ab Eingang Prinsessegade, 50 DKK, www.rundvisergruppen.dk

Christianhavns Bådudlejning & Café: Overgaden neden Vandet 29, Tel. 32 96 53 53, www.baadudlejningen.dk, Mai–Sept. tgl. 8.30–24, sonst ab 10 Uhr

Spiseloppen: Tel. 32 57 95 58, www.spiseloppen.dk, Di–So 17–24, Küche bis 22 Uhr, HG um 200 DKK

Morgenstedet 3: Vegetarisches Restaurant, s. S. 97

Café Nemoland: www.nemoland.dk, tgl. min. 11–24, Fr/Sa bis 3 Uhr

Blaue Jungs in Christianshavn

Das **Orlogsmuseet** 6 (Overgaden oven Vandet 58, Tel. 33 11 60 37, www.natmus.dk/museerne/orlogsmuseet, Di–So 12–16 Uhr, gratis) in einem der schönsten Häuser von Christianshavn, einem ehemaligen Flottenhospital, zeigt 500 Jahre dänische Marinegeschichte.

9 | Vom Arbeitermuseum zum Promifriedhof – Nørrebro

Karte: ▶ D 3–F 4 | **Anfahrt:** Busse: Farimagsgade, Ravnsborggade, Nørrebrogade

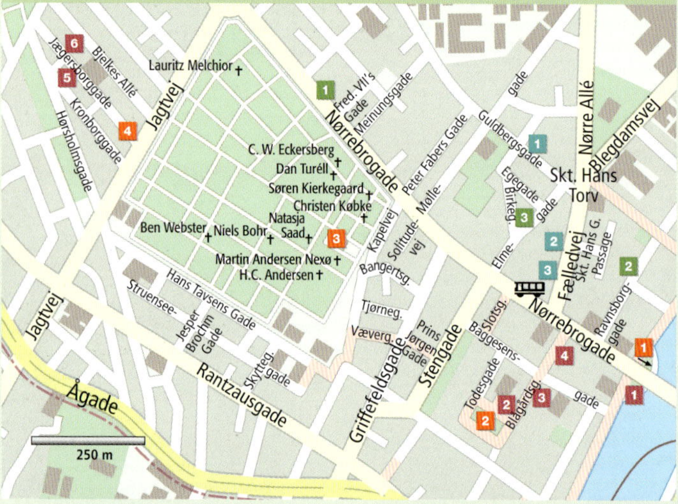

Nørrebro machte den Anfang, als Kopenhagen über seine Wälle hinauswachsen durfte. Die Wohnkasernen der Industrialisierungszeit wurden ab den 1970ern »durchsaniert«, inklusive Hausbesetzungen und Straßenschlachten. Inzwischen kommt Nørrebro als trendiges Szeneviertel daher, auch wenn autonome Kampflust gern noch aufflackert.

Lebens- und Wohnbedingungen verschiedener Epochen in Arbeitervierteln wie Nørrebro ist ein Thema im gewerkschaftseigenen **Arbejdermuseet** 1, an dem diese kleine Tour beginnt. Nørrebro selbst erreicht man jenseits der künstlichen Seen, die ursprünglich Rückhaltebecken zur Wasserversorgung der mittelalterlichen Wallgräben Kopenhagens waren. Gleich links von der Dronning Louises Bro serviert **Kaffesalonen** 1 als Terrasse des Arbeiterviertels seit 1933 Kaffee, Bier und Snacks, bei schönem Wetter auch auf herrlichen Plätzen unten am Wasser des Peblinge Sø. Nebenan kann man dann Tretboote für Touren auf dem See leihen.

Mitten im Leben

In der Baggesensgade, die vom See ins Herz Nørrebros hineinstößt, stehen sich zwei ›Sanierungskonzepte‹ gegenüber: rechts Neubaukasernen, links renovierter Altbau. Der **Blågårds Plads** 2 ist der Mittelpunkt des Sanierungsgebietes und das **Café Blågårds Apotek** 2

(s. S. 108) am Rande des Platzes eine Institution im Viertel als Café und Musikkneipe seit den Tagen der großen Proteste in den 1970ern und 80ern.

Die Fußgängerzone Blågårdsgade zeigt sich als multikulturelle Ausgeh- und Shoppingstraße des jungen Nørrebro. Das unscheinbare **Café N** 3 mit seiner Wohnzimmeratmosphäre ist für seine ausgewählten Kaffeespezialitäten und seine vegetarischen Snacks berühmt und im **Props Coffee Shop** 4, dessen Einrichtung immer aussieht, als stamme sie von einem Trödelmarkt irgendwo in der Provence oder der Toskana, kann man alles, was nicht niet- und nagelfest ist, kaufen. Irgendwo sollte ein Preisschild kleben.

Ruhe zum Ende

Das trendige Nørrebro wächst weiter, folgt der Nørrebrogade stadtauswärts. Rechts Shops, Cafés und Kneipen, links eine Friedhofsmauer, vor der sich im Sommer jeden Samstagvormittag **Nørrebro Loppemarket** 1 (s. S. 99) aufstellt, Kopenhagens längster Flohmarkt. Der **Assistens Kirkegård** 3 hinter der gelb getünchten Mauer wurde Mitte des 18. Jh. angelegt, um die überquellenden Friedhöfe innerhalb der damaligen Stadtmauern zu entlasten. Ursprünglich eher für die Armen gedacht, ist er längst Dänemarks bedeutendster Promifriedhof. Im Besucherzentrum am Eingang **Kapelvej** gibt's einen Lageplan, wo die VIPs unterschiedlichster Couleur liegen, u. a. Märchenmann H. C. Andersen, Philosoph Søren Kierkegaard, Arbeiterdichter und DDR-Ehrenbürger Martin Andersen Nexø, Krimiautor und Beatnik Dan Turéll, Atomphysiker und Nobelpreisträger Niels Bohr, Jazzsaxophonist Ben Webster (s. S. 110), Wagnertenor Lauritz Melchior, Reggae- und Hip-Hop-Sängerin Natasja Saad, der Vater der dänischen Malerei C. W. Eckersberg und sein Kollege Christen Købke, Exponent des dänischen Goldenen Zeitalters.

Schöne Gründerzeithäuser säumen die Straßen von Nørrebro

Viel besuchtes Grab des Philosophen Søren Kierkegaard auf dem Assistens Kierkegård

Und während die Kultur-und Geistesgrößen unter der Erde schlummern, liegen an schönen Tagen die Sonnenhungrigen aus Nørrebro über ihnen auf dem Gras – der Friedhof ist der Garten ihres Viertels. Die Pappelallee quer über den Friedhof nutzen Radfahrer gern als ›grüne‹ Abkürzung. In der Verlängerung ist die **Jægersborggade** 4 eine aktuell total angesagte Straße der Kunsthandwerker, Boutiquen, Cafés und Restaurants von Pizzeria- bis Bio-Gourmetklasse – das **Relæ** 5 trägt seit 2012 einen Michelin-Stern, wurde 2015 unter den besten Restaurants der Welt auf Platz 45 gewählt und ist das preiswerteste der Kopenhagener Sternelokale. Noch günstiger speist man in seiner Dependance **Manfreds** 6 gleich gegenüber.

Infos und Öffnungszeiten

Arbejdermuseet: Rømersgade 22, 1362 Køb K, www.arbejdermuseet.dk, tgl. 10–16 Uhr, 65 DKK

Assistens Kirkegård: April–Sept. 7–22, sonst 7–19 Uhr

Kaffesalonen: Peblinge Dossering 6, Mo–Fr/Sa, So 8/10–24 Uhr

Café N: Blågårdsgade 17, Mo–Fr 8–22, Sa, So 9–22 Uhr

Props Coffee Shop: Mo–Mi/Do–Sa 11–24/2, So 12–23 Uhr

Relæ: Jægersborggade 41, Tel. 36 96 66 09, www.restaurant-relae.dk, Mi–Sa ab 17.30 Uhr, Fr, Sa auch Frokost

Manfreds: Jægersborggade 40, Tel. 36 96 65 93, tgl. 12–15.30, 17.30–22 Uhr, auch zum Mitnehmen

Shoppen

Sie lieben Flohmärkte? Dann ab in die **Ravnsborggade** 2 (s. S. 99). Oder lieber innovative Mode in der **Elmegade** 3 (s. S. 101)?

Ausgehen

Abends ist um den Skt. Hans Torv ein kleiner Hotspot zum Ausgehen, u. a. mit **Rust** 1, **Barcelona** 2 und **Gefährlich** 3 (s. S. 105/106).

10 | In Frederiksberg und seinen Gärten

Karte: ▶ A/B 6/7 | **Anfahrt:** Busse: Frederiksberg Runddel, De Små Haver, Zoologisk Have

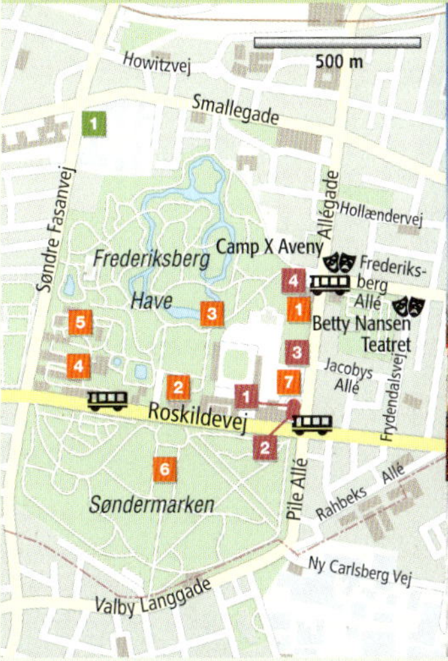

Zwar kuschelt sich das selbstständige Frederiksberg so an das schrille Vesterbro, dass Fremde die Stadtgrenzen nicht registrieren, wohl aber die atmosphärischen Veränderungen: Frederiksberg ist bürgerlicher, konservativer und manchmal etwas ›sniffy‹.

Die Frederiksberg Allé ist eine Prachtallee mit ansehnlichen Bürgerhäusern aus der Zeit um 1900. Kurz bevor sie den Frederiksberg Have erreicht, ist sie auch noch Theaterboulevard, obwohl die Zahl der Bühnen arg geschrumpft ist.

Die Gärten und Parks

Bevor sie in den eigentlichen Park gehen, müssen Gartenfans einen Blick in **Haveselskabets Have** 1 werfen, die Themengärten der Königlich Dänischen Gartengesellschaft. Der Frederiksberg Have selbst ist der schönste Stadtpark der Region. Das barocke, geradlinige Wegenetz seiner ersten Gestaltung zeigt sich noch unterhalb des **Frederiksberg Slot** 2 – heute Militärakademie –, ansonsten bestimmt englische Gartenarchitektur des frühen 19. Jh. mit Kanälen, Wasserfällen und Inseln das Bild, zu dem auch ein Pavillon im China-Look gehört. Auf den Kanälen wird fleißig gerudert, **Svendsens Bådfart** 3 verleiht die Boote dazu.

Der Zoo

In der Südwestecke grenzt der Park an den **Zoo København** 4, ein Zoo im

Übrigens: Sie wollen mal Ihren Orientierungssinn nach dem letzten Bier in den Små Haver testen? Zwischen den Schunkellokalen gibt es das **Tuborg Labyrint** 7, ein Heckenlabyrinth in Form einer Bierflasche.

Umbruch, zum Teil noch mit traditionellen Tiergehegen, aber immer mehr mit modernen Landschaftsszenarien. So wurde 2008 eine neue **Elefantenanlage** 5 eingeweiht. Kein Geringerer als der britische Stararchitekt Norman Foster, der beim Reichstagsumbau in Berlin schon viel Erfahrung mit Häusern für große Tiere sammelte, lieferte die Pläne und baute sogar zwei Glaskuppeln ein.

Die Zisternen

Ansonsten dehnt sich der neue Zoo mehr nach Süden aus, jenseits des Roskildevej in das Gebiet des nächsten großen Stadtparks, Søndermarken. Tief unter dessen Gras versteckt sich **Cisternerne** 6 mit den ungewöhnlichsten Räumen für Sonderausstellungen in der Stadt: In kalt-feuchten, ehemaligen Zisternen der städtischen Wasserversorgung aus den 1850ern, die heute wie futuristische Tropfsteinhöhlen wirken, gibt es jedes Jahr extravagante Installationen oder eine Ausstellung.

Öffnungszeiten

Svendsens Bådfart: Tel. 38 11 44 32, Mai–Sept. Mo–Fr 10–17, Sa/So 12–18 Uhr
Zoologisk Have: Tel. 72 20 02 00, www.zoo.dk, tgl. ab 10 je nach Jahreszeit/Wochentag –16/17/18/20 Uhr, 170 DKK, 95 DKK/3–11 Jahre
Cisternerne: www.cisternerne.dk, Di–So 11–17 Uhr, 50 DKK

Shoppen

Royal Copenhagen Outlet 1: s. S. 100

Essen und Feiern an der Pille Allé

Was Münchnern ihre Bierkeller sind Kopenhagenern die Gartenlokale *små haver* am Ostrand des Frederiksberg Park. Hier trifft sich die Generation 50plus zum Schunkeln und Singen. Mittags, wenn es noch relativ ruhig ist, gibt's traditionelle Frokost mit Smørrebrød und diversen *anretninger*. Auch abends bleibt die Küche erzkonservativ und fleischlastig. **M. G. Petersens Gamle Familiehave** 1 (Nr. 16, Tel. 36 16 11 33, www.petersensfamiliehave.dk, Ostern–Mitte Sept. tgl. min. 12–18, ab Mai 11–23 Uhr). Das Lokal bietet Platz für bis zu 1000 Gäste.
Etwa halb so groß sind **Krøgers Have** 2 (Nr. 18, Tel. 36 45 08 97, www.kroegershave.dk) und der ganzjährig geöffnete **Hansens Gamle Familiehave** 3 (Nr. 10–12, Tel. 36 30 92 57, www.hansenshave.dk).
Nur ein paar hundert Meter von den bierseeligen *Små Haver* kochen Jakob Mielcke und Jan Hurtigkarl – Letzterer längst eine Ikone der dänischen Haute Cuisine. Dass **Mielcke & Hurtigkarl** 4 noch keinen Michelin-Stern bekam, wundert Gastrokritiker ebenso wie alle Kollegen – ein Grund mag sein, dass die Küche den eher konservativen Michelin-Kritikern zu experimentell ist, oder die skurrilen, von Künstlern designten Toiletten haben ihnen einfach die Sprache verschlagen (Frederiksberg Runddel 1, Tel. 38 34 84 36, www.mielcke-hurtigkarl.dk, Di–Sa abends). Für einen großen Abend zu zweit mit passenden Weinen zum Menü sollte man ca. 3000–3500 DKK kalkulieren, mittags ist es etwas günstiger.

11 | Metro in die Zukunft – Ørestad

Karte: ▶ Karte 3 | **Anfahrt:** Ab Nørreport/Kongens Nytorv mit Metro M1 durch Ørestad bis Vestamager, mit Metro M2 bis Amager Strandpark oder Kastrup

Müde Beine? Quengelnde Kinder? Dann in die Metro Richtung Vestamager. Die Kinder staunen, wenn sie in den führerlosen Zügen hinter der Panoramascheibe sitzen, und Sie sehen Kopenhagens Zukunft: Ørestad – das Dubai am Øresund, nur kleiner.

2030 soll Ørestad fertig sein. 20 000 Menschen werden in der umweltfreundlichen Stadtlandschaft mit Parks, Seen und künstlichen Kanälen dann leben, etwa viermal so viele in Wissenschaft, Forschung, Kommunikation, Medien und Hightech-Industrien arbeiten und studieren. Dänische und internationale Toparchitekten liefern die Kulisse. Von Daniel Libeskind stammt der Masterplan für ›Downtown Ørestad‹.

Bildung und Kultur

Aus der Innenstadt kommend wird die Metro auf Höhe der **Universität** 1

VM-husene mit seinen dreieckigen Balkonen nutzt die Sonneneinstrahlung optimal

von einer Untergrund- zur Hochbahn. Auffälligstes Gebäude im Unibereich ist das kreisrunde Studentenwohnheim **Tietgenskollegiet** 2. Außen holzverkleidete Trutzburg, innen ein Hof für alle Bewohner – die Architekten nahmen die Tulou-Häuser in der chinesischen Provinz Fujian zum Vorbild.

Der blau schimmernde Kubus neben der Metrotrasse ist das vom französischen Architekten Jean Nouvel entworfene **Konzerthuset** 3 des Dänischen Rundfunks, Teil des Medienparks DR Byen. Die transparente Fassade dient oft als Leinwand für Licht- und Bildprojektionen und im Inneren ›schwebt‹ ein 1800-Plätze-Konzertsaal. Für dessen Akustik zeichnet Yasuhisa Toyota verantwortlich, der auch in der neuen Elbphilharmonie in Hamburg den guten Ton geben soll.

Spektakulär wohnen und lernen

An der Metrostation Bella Center ist Kopenhagens Messezentrum erreicht. Überragt wird es von Skandinaviens größtem Hotel: 816 Zimmer in zwei 76-m-Türmen, die sich oben voneinander wegdrehen – das **Bella Sky Comwell** 4 ist doppelt so ›schief‹ wie der Turm von Pisa. Bis zur nächsten Station Ørestad passiert die Metro zwei vielprämierte Wohnkomplexe. **VM-bjerget** 5 ist ein Geniestreich: 80 Luxuswohnungen verteilen sich über zehn Etagen, alle mit kleinen Dachterrassen und angeordnet wie ein Bergdorf; den ›Berg‹ darunter gibt ein Parkhaus. **VM-husene** 6 nebenan haben einen Grundriss wie ein flach gedrücktes V und ein flach gedrücktes M. Diese Kombination soll allen 221 Wohnungen optimal Licht und Aussichten geben. Markenzeichen sind weit aus der nach Süden gewandten Glasfront des V-Hauses ragende, dreieckige Stahlbalkone.

Sekunden später passiert die Metro die international beachtete Reformschule **Ørestad Gymnasium** 7. Äußerlich nicht so spektakulär wie andere Ørestad-Bauten, wird es innen ungewöhnlich: Um eine über alle Etagen bis zum Dach schwingende Treppe ziehen sich offene Lern-, Relax- und Kreativzonen – Klassenräume gibt es nicht mehr.

Die große 8

In Ørestad Syd endet die neue Welt an einer Kette kleiner, künstlicher Seen. **8TALLET** 8, der derzeit größte Gebäudekomplex Dänemarks in Form einer gigantischen 8, stößt ans Ufer und vereint fast 500 Wohnungen und über 10 000 m² Laden- und Bürofläche unter seinem begrünten Dach. An diesem entlang führt ein ›Klippenweg‹ mit vielen Treppen um die ganze 8. Die Seen markieren Ørestads Südgrenze und von der Terrasse des **Café 8TALLET** 1 (Richard Mortensens Vej 81 A, www.cafe8tallet.dk, Kernzeit 11–21 Uhr) kann man bei Bruscetta oder Smørrebrød die unverbaubare Aussicht auf das Naturschutzgebiet Kalvebod Fælled genießen. Gehen Sie aber einmal über eine der kleinen Brücken hinüber in diese andere Welt und schauen Sie sich von dort Ørestad mit etwas Distanz an: Ist das eine Zukunft, in der man leben möchte? Mit Kindern ist dieser Abstecher geradezu ein Muss, denn die können sich auf dem Natur-Art-Abenteuer-Spielplatz **›Himmelshøj‹** 9 austoben, den Alfio Bonanno, einer der wichtigsten europäischen Land-Art-Künstler, gestaltete. Hinterher gibt's im **Traktørstedet Vestamager** 2 am Naturcenter Vestamagerein ländlich deftige Frokost, die man gern auf eine der umliegenden Picknickbänke mitnehmen darf (Granatvej 9, www.traktørstedet-vestamager.dk, Sommer Di–So 11–17, sonst nur Wochenenden 11–16 Uhr, Dez. geschl., kaum etwas über 100 DKK).

Auf anderer Linie

Zum Freizeitangebot für die Menschen in Ørestad gehört der **Amager Strandpark** 10 nahe der zweiten Metrolinie Richtung Flughafen. Auch hier gilt ›Dubai, nur etwas kleiner‹: 200 Mio. Kronen kostete die Strandwelt für bis zu 40 000 Besucher auf einer künstlichen Insel mit gut 2 km Sandstrand zum Øresund hin, mit Promenaden, Cafés, Kiosken, Parks, Dünen und einer Lagune als Wassersportrevier für jedermann; Kajaks und SUP-Boards verleiht hier **Kajak Ole** 1 (s. S. 21). Vor dem Nordende steht mit markant türkisfarbenem Anstrich das Remake einer Ikone des Kopenhagener Badelebens im Wasser: Eine erste **Helgoland Søbadeanstalt** 11 (Ende Juni–Aug. tgl. 10–18 Uhr) gab es schon ab 1913 für fast 90 Jahre. Nach Süden führt vom Strandpark eine Promenade mit Blick auf die schwedische Küste und die Øresundbrücke vorbei an der modernen Variante einer Meeresbadeanstalt, dem **Kastrup Søbad** 12, und der munteren Marina **Kastrup Lystbådehavn** 13 zum futuristischen Nationalaquarium **Den Blå Planet** 14 (s. S. 73).

Infos

Alles über **Ørestad:** www.orestad.dk (dän./engl.). Download von **Podwalks** (engl.) zur Architektur: www.dac.dk/en/dac-life/podwalks, unter dem Stichwort ›Ørestad‹.

Shoppen in einer Mega-Mall

field's 1, Arne Jacobsens Allé 12, 2300 Køb S, www.fields.dk, tgl. 10–20 Uhr. 140 Shops vom Billigheimer bis zur Designer-Modeboutique.

Wohnen im Kultobjekt

Hotel Cabinn Metro 1, Arne Jakobsens Allé 2, 2300 Køb. Das 709-Zimmer-Hotel geht auf einen Entwurf von Daniel Libeskind zurück und zeigt in der Lounge ein 3-D-Modell von Ørestad.

12 | Ny Carlsberg Glyptotek und Nationalmuseet

Karte: ▶ F 6 | **Anfahrt:** Busse bis Haltestellen: Nationalmuseet, Stormgade, Glyptoteket, Rådhuspladsen

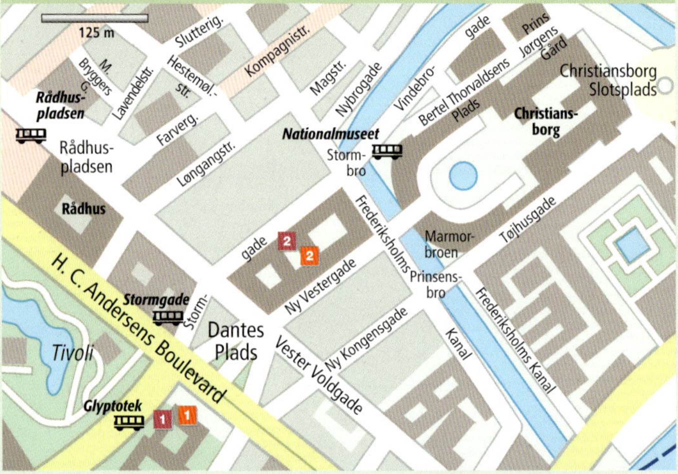

Die Ny Carlsberg Glyptotek und das Nationalmuseum sind Nachbarn und beide Museen von Weltgeltung. Sie heben Kopenhagen auf Augenhöhe zu anderen Metropolen und ergänzen sich prächtig: Kunst hier, Kulturgeschichte und Ethnografika dort.

Antike Skulpturen, impressionistische Bilder

Carl Jacobsen, Sohn des Gründers der Carlsberg-Brauerei, schenkte 1888 die familieneigene Skulpturensammlung dem dänischen Volk und legte den Grundstock für die **Ny Carlsberg Glyptotek** 1. Bis heute fördert die Brauerdynastie das Museum, inzwischen durch eine Stiftung. Die bedeutendste Sammlung antiker Skulpturen aus Ägypten, Griechenland und Rom nördlich der Alpen wurde ergänzt durch Werke französischer Bildhauer des 19. Jh. – Carl Jacobsen bestellte im Jahr 1900 bei einem Besuch in Paris gleich mehrere Werke bei Rodin persönlich. In einem pyramidenförmigen Neubau, der in das ursprüngliche Museum hineingebaut wurde, sind zudem exzellente Werke europäischer, vor allem französischer Maler des Impressionismus und Postimpressionismus sowie des dänischen Goldenen Zeitalters zusammengetragen. Bestens vertreten ist Paul Gauguin, der mit der Dänin Mette Gad verheiratet war und einige Zeit in Kopenhagen lebte. Schmuckstück der Gauguin-Sammlung ist das ›Mädchen mit der Blume‹. Das Porträt dieser Thahiti-Schönheit war eines der ersten Bilder, das Gauguin aus der Südsee nach Europa verkaufte. Die Ny Carlsberg Glyptotek ist bei den Kopenhagenern aber auch wegen ihres Cafés im Wintergarten beliebt. Davor begrüßt das Wahrzeichen der Glyptothek alle Besucher: Kai Nielsens ›Vandmoder‹, die anmutige Wassermutter mit ihren wuseligen Kindern.

»Wer sind die Dänen?«

Das **Nationalmuseum** 2 will seinen Besuchern zeigen: Das sind die Dänen? Dafür dokumentiert es Kulturepochen und Gesellschaftsphänomene von ersten behauenen Steinen bis zur Dealer-Hütte aus der Pusher Street in Christiania – das Haschisch in den Auslagen ist Attrappe! Daneben glänzt eine völkerkundliche Abteilung vor allem mit der Darstellung der arktischen Völker. Immerhin war Grönland lange dänische Kolonie und Dänen wie Ludvig Mylius-Erichsen, Knud Rasmussen und Peter Freuchen erforschten das Leben der Inuit so intensiv wie niemand sonst.

Populärste Abteilung ist die der Vor- und Frühgeschichte. Generationsübergreifend spannend folgt sie modernen Museumskonzepten und so brauchen sich Kinder nicht nur auf das speziell für sie eingerichtete *Børnemuseum* zu beschränken. *Danmarks Oldtid* setzt die Periode von den ersten Nachweisen menschlicher Besiedlung bis zu den Monumenten von Jelling, die um 960 die Geburt des heute ältesten Königreichs der Welt markieren, effektvoll in Szene. Darunter sind Funde aus der Bronze- und Eisenzeit, die ganz Nordeuropa kulturgeschichtliches Selbstbewusstsein geben, wie die Luren, die als Opfergaben in Sümpfen landeten, die Hörnerhelme von Viksø aus der Bronzezeit, die Hollywood für die rund 1800 Jahre später lebenden Wikinger adap-

Die beeindruckende Skulpturensammlung in der Ny Carlsberg Glypothek

tierte und die kein echter Wikinger je trug. Und dann sind da die Runensteine, gewichtige Zeugnisse über das Vordringen der Schrift in den Norden.

Auf der Spur des Geldes

Der Rundgang durch *Danmarks Oldtid* beginnt gleich neben dem Haupteingang. Zwar ist der Eintritt kostenlos, aber holen Sie trotzdem ein paar Scheine aus dem Portemonnaie. Die 2009-2011 in Umlauf gekommenen *kroner sedler,* Kronenscheine, können Sie sie als Wegweiser nutzen: Auf jedem Schein ist ein Objekt der Abteilung abgebildet. In Raum 5 steht zwischen anderen Tonschalen und -schüsseln die 5200 Jahre alte, mit feinsten Mustern verzierte Skarpsalling-Karret vom 50er. Den perfekt aus Flint geschlagenen Hindsgavls-Dolch aus der späten Steinzeit vom 100er muss man im Raum 6 schon etwas suchen – zwischen all den anderen faszinierenden Waffen und Gerätschaften seiner Zeit.

An beeindruckenden Grabfunden vorbei stößt man in Raum 10 auf Mode aus der Bronzezeit. Die mit Spiralmustern verzierte Gürtelplatte, die eine hochgestellte Frau um 1400 v. Chr. trug, ziert den 200-Kronen-Schein. Spötter sprechen von Dänemarks ältestem Pizza-Teller, denn mit 28 cm Durchmesser würde er dafür gut passen. Zwei Räume weiter steht der Trundholm Solvogn unter Sicherheitsglas, weltweit einer der bedeutendsten Funde aus der älteren Bronzezeit: Ein Pferd zieht auf einem Wagen eine vergoldete Sonnenscheibe. Damit wäre Ihre Reisekasse noch gut gefüllt, denn der Sonnenwagen ziert den 1000er-Schein. Der jüngste Fund, den der 500er zeigt, dokumentiert in Raum 16 den frühen Handel des Nordens mit anderen Kulturen: Der nur in Fragmenten erhaltene Bronzekübel von Keldby auf Møn zeigt griechische Einflüsse bei der Verzierung und dürfte um 400 v. Chr. auf dem Balkan gefertigt worden sein.

Öffnungszeiten

Ny Carlsberg Glyptotek: Dantes Plads 7, 1556 Køb V, www.glyptotek.dk, Di–So 11–18, Do bis 22 Uhr, 95 DKK, 50 DKK/18–26 Jahre, Di gratis
Nationalmuseet: Ny Vestergade 10, 1471 Køb K, www.natmus.dk, Di–So 10–17 Uhr, gratis außer Sonderausstellungen, Faltblätter auf Englisch und Dänisch mit Rundgängen durch verschiedene Abteilungen am Informationsschalter

Kultur und ihre Genüsse ...

Café Glyptotek 1: Für süße Verführungen und gute Kaffees zwischen antiken Skulpturen und grünen Pflanzen sorgt das Wintergartencafé. Ab 11 Uhr gibt's aber auch ein kräftiges Brunch und zum Frokost reichlich Herzhaftes wie einen klassischen Heringsteller. Das meiste kostet um 100 DKK. Das Café ist nur mit gültigem Museumsticket zugänglich.
Julian Nationalmuseet 2 im Nationalmuseum bemüht sich um eine klimafreundliche Küche mit Freilandprodukten der Saison von regionalen Anbietern. Dienstags bis freitags kommen herzhafte Frokostgerichte (ca. 90–150 DKK) auf den Tisch, der *Krydder-sild fra Christiansø* ist ein marinierter Hering und eine echte dänische Mittagsspezialität. Samstags und sonntags ist das Brunch-Büfett so populär, dass beide Sitzungen von je anderthalb Stunden gut gebucht sind (ab 10 und 12 Uhr, 225 DKK ab 12 Jahren, 125 DKK 3–11 Jahre, reservieren: Tel. 33 93 07 60).

13 | Strand, Hirsche, Karussells – Klampenborg

Karte: ▶ Karte 3 | **Anfahrt:** Øresundstog, S-Bahn: Klampenborg

Solange ich in Kopenhagen lebte, war Klampenborg mein liebstes Ziel für ›Draußensein‹, für ein schnelles Bad im Øresund, für lange Spaziergänge im Dyrehaven und wenn Schnee lag, lohnte es sogar, einen Schlitten mitzunehmen. Und man kann sich je nach Wetterlage, Stimmung und Zeitbudget immer spontan zu einem Bummel über Bakken mit seinen Karussells und Bierzelten entscheiden – der Vergnügungspark ist frei zugänglich.

Zuerst zum Strand …

Am oberen Ausgang der Station Klampenborg steht man zwischen Strandbad, 200 m nach rechts, und Wildpark, 70 m nach links. Zuerst zum Meer: Dort, wo man auf die Küstenstraße trifft, liegt ein Architekturklassiker der 1930er: Die Wohnanlage **Bellavista** 1 mit einem Restaurant und dem 2001/2002 sehr respektvoll gegenüber dem Originalentwurf restaurierten **Bellevue Teater** 2 war das erste Großprojekt, das Dänemarks Stardesigner und -architekt der klassischen Moderne, Arne Jacobsen, schuf: Kube auf Kube mit großen Fenstern und Balkonen zum Meer. Das wirkt sehr funktional, aber das leuchtende Weiß, die auffälligen Sonnenblenden und die Rundungen an den Gebäudeenden lassen alles nicht so nüchtern wirken, wie Jacobsen später baute. Das **Bellevue Strandbad** 3 trägt bis hinaus zu den hölzernen Türmen der Strandwächter auf den Badestegen seine Handschrift.

An ganz heißen Tagen passt der Spitzname ganz gut, den der Volksmund diesem Strand verpasste: *fluepapir,* die dänische Bezeichnung für die ekeligen Klebestreifen-Fliegenfänger. An solchen Tagen pilgern laute Schülercliquen, körperverliebte Schwule, figurbetonende Meerfrauen, aber auch Mig-

Übrigens: Da ist noch das idyllisch im Grünen gelegene Museum **Ordrupgaard** 6 mit seiner beachtlichen Sammlung französischer Impressionisten und Postimpressionisten (Vilvordevej 110, 2920 Charlottenlund, www.ordrupgaard.dk, Di–Fr 13–17, Mi –21, Sa, So 11–17 Uhr, 110 DKK, Bus 388 ab Klampenborg Station via Bakken).

rantenfamilien, die auf dem Rasen hinter dem Sand den Einmalgrill anwerfen und picknicken, an diesen Strand. Der nördliche Abschnitt ist inoffizielles FKK-Areal, im südlichen gibt's Felder für Beach-Volleyball. Ganz am Südzipfel öffnet an schönen Sommertagen der Kiosk **Bellevue Strand & Grill** 1 und bietet Kleinigkeiten aus ambitionierter, ›nachhaltiger‹ Küche sowie guten Wein – vielleicht ergattert man sogar einen der Liegestühle im Sand. Der flache Kioskbau mit den markanten Sonnenblenden ist ein weiterer Originalbau von Arne Jacobsen, 1938 gebaut.

… dann in den Wald …

Vom Strand landeinwärts sind es keine 300 m bis in den Jægersborg Dyrehave – im Alltag nur *Dyrehaven.* Seit Mitte des 18. Jh. ist er offen fürs ›gemeine‹ Volk. Wander-, Rad- und Reitwege schlängeln sich zwischen uraltem Baumbestand hindurch. 2000 stattliche Edelhirsche leben in kleinen Herden auf dem über 1000 ha großen Gelände.

Mittendrin mit toller Sicht zum Øresund hinunter thront das königliche **Jagdschloss Eremitagen** 4, Teil der 2015 zum UNESCO-Welterbe erklärten **Parforcejagdlandschaft in Nordseeland:** Im 17. und frühen 18. Jh. wurden große Waldgebiete mit langen, geraden Reitwegen und zentralen Lichtungen für die unter der absoluten Monarchie populäre Jagdform optimiert.

Wer's romantisch mag oder nach langen Stadtbummeln die Beine schonen will, steigt oberhalb der Station Klampenborg in eine der dort wartenden Pferdedroschken und lässt sich mit ein oder zwei PS durch Dyrehaven ziehen, beobachtet die stolzen Hirsche, die auf den Lichtungen äsen, zurückgelehnt aus der Kutsche heraus und lässt sich am Ende der Tour (ca. 500 DKK/Std.) vor dem bekanntesten Ausflugslokal des Parks, dem **Peter Lieps Hus** 2, absetzen, nur Schritte vom Bakken entfernt.

…und zum Schluss über Bakken 5

Mit preiswerten Restaurants und bierseligen Kneipen, Spiel- und Schießbuden, Theaterzelten und gut drei Dutzend Fahrgeschäften ist Bakken volkstümlicher, dänischer und auf jeden Fall 260 Jahre älter als das Tivoli. 1583 wurde die angeblich Heilquelle »Kirsten Piil Kilde« entdeckt und bald standen dort erste Buden – die Keimzelle, auf die sich Bakken beruft, wenn Jubiläen zu feiern sind.

Bakkens Revue- und Showprogramm ist natürlich sehr dänisch, aber bei den *Syngepiger*, der singenden Frauentruppe in Bakkens Hvile, fühlt sich jeder Rheinländer selbst im Hochsommer in seine fünfte Jahreszeit versetzt und beim ›Biergott‹ im Ølgod kommt mit wechselnden Kapellen den ganzen Sommer Oktoberfeststimmung auf.

Ein Höhepunkt bei den Fahrgeschäften ist in jeder Hinsicht die **Rutschebane,** eine 1932 eingeweihte Holzachterbahn. Sicher gibt es wildere und schnellere, aber die alte Dame kokettiert trotz ihres Alters mit beachtlichen Werten. Gut 850 m geht es auf und ab, maximal 22 m hoch und bis 75 km/h schnell. Gut ein Drittel der Fahrgeschäfte eignet sich auch für kleine Kinder und der Pierrot verzaubert sie mehrmals am Tag mit Tricks und Kunststückchen. Kommt dann noch die Parade der knutschigen Bakkentiere vorbei, wenn sie auf dem Weg zu ihrer Show auf der Open-Air-Bühne (14.30, Ferien auch 16.30 Uhr) sind, dann leuchten die Augen und die Münder bleiben offen stehen.

Öffnungszeiten

Bakken: Dyrehavevej 62, 2930 Klampenborg, Tel. 39 63 73 00, www.bakken.dk, Mitte/Ende März–Ende Aug. Geöffnet je nach Saisonperiode und Wochentag 12/13/14–22/24 Uhr. Eintritt frei, Fahrgeschäfte kostenpflichtig, das Turbånd, eine Flatrate für alle Fahrgeschäfte, kostet je nach Alter 180–250 DKK und lohnt ab ca. zehn Fahrten.

Essen und Trinken

Von rund 40 Bakken-Lokalen servieren viele dänisch-bürgerliche Kost à la carte oder als All-you-can-eat-Büfetts zu günstigen Preisen, alle sind auf Kinder eingestellt. Deshalb feiern hier gern Familien Feste und Jubiläen, ebenso wie Clubs und Firmen – da können einzelne Restaurants schon mal für geschlossene Gesellschaften reserviert sein.

Peter Lieps Hus: Dyrehaven 8, 2930 Klampenborg, Tel. 39 64 07 86, www.peterliep.dk, ganzjährig außer Jan. Di–So 10–17, traditionelle Smørrebrød- und Frokostküche (ca. 70–230 DKK), zur Bakkensaison auch abends (HG ab ca. 160 DKK).

Bisto Bellevue: 3 Strandvejen 449, 2930 Klampenborg, Tel. 38 41 41 38, www.bistrobellevue.dk, tgl. 11.30–23 Uhr, Frokost-Kleinigkeiten je 65 DKK, 2–3 braucht man um satt zu werden, am Abend HG ca. 200–275 DKK. In Arne Jakobsens Bellevue-Komplex, aber kleiner als dessen Originalrestaurant.

In einer anderen Welt

Das **Skovshoved Hotel** 1 mit 22 sehr individuellen Zimmern und Suiten kommt im Stil eines luxuriösen Badehotels aus dem 19. Jh. daher, eingebettet in den Vorort Skovshoved, der sich den Charme vergangener Fischerdorfzeiten bewahrt hat. So findet man im Haus neben einem Gourmet-Restaurant noch eine rustikale ›Krostue‹, in der auch Locals ihr Bier trinken. Wer im Hotel ein Zimmer nimmt, sollte sich den Aufpreis für den Blick auf den Øresund gönnen! Strandvejen 267, 2920 Charlottenlund (Karte 3), Tel. 39 64 00 28, www.skovshovedhotel.dk, Bus 1 A vor der Tür, S-Bahn-Station Ordrup ca. 1000 m, Restaurants Kernzeit tgl. 12–23 Uhr, Frokost immer bis 15 Uhr, DZ 1500–1700, Suiten bis 2950 DKK, Frühstück extra 155 DKK.

14 | Kunsttempel über dem Øresund – Louisiana

Karte: ▶ Karte 3 | **Anfahrt:** Øresundstog ab Kopenhagen tagsüber 3 x stdl., ca. 29–33 Min., bis Humlebæk, Rungsted, Nivå

Das Louisiana ist das ›Muss‹ in der dänischen Museumslandschaft, eines der bedeutendsten Museen für Kunst ab 1945 weltweit. Seine Ausstellungen machen regelmäßig international Furore, es besitzt aber auch eine eigene Sammlung, in der alle bedeutenden Künstler der Moderne vertreten sind, und ist mit seiner Lage über dem Øresund ein landschaftliches Ausflugsziel der Extraklasse.

Schwerpunkt der **Louisiana-Sammlung** 1 ist die Kunst seit dem Zweiten Weltkrieg von der CoBrA-Gruppe – deren großem Dänen Asger Jorn ist ein ganzer Raum gewidmet – über Pop-Art und Videokunst der 1990er bis zu Exponenten der Gegenwartskunst. Die mobile Kunst von Jean Tinguely zählt zu den Highlights, ebenso wie Werke von Picasso, von Sigmar Polke oder Georg Baselitz, viele Arbeiten der amerikanischen Pop-Art-Heroen Lichtenstein, Warhol, Kienholz und Klaes Oldenburg oder eine der gigantischen Spinnen der Französin Louise Bourgeois. Nahezu ein Wahrzeichen ist die wohlgeformte ›Liegende‹ von Henry Moore vor dem Panorama des Øresund – eine von rund 60 Skulpturen im Louisiana-Park mit seinen herrlichen alten Bäumen.

Louisiana-Star Giacometti

Geradezu sensationell werden die oft hageren, staksigen Figuren und Köpfe des Schweizers Alberto Giacometti präsentiert. Im Giacometti-Saal schauen

Besucher von einer Empore über seinen ›gehenden Mann‹ hinweg in den Søhave. Um einen kleinen See, vor 200 Jahren noch verrufener Kaperer-Hafen, schmiegt sich ein ›grüner‹ Ausstellungsraum, u. a. mit Land-Art-Objekten. Diese Verknüpfung von Natur und Kunst ist typisch für das Louisiana. Eine alte Villa und moderne, von schlichter Funktionalität geprägte Seitenflügel bilden trotz aller Kontraste eine gelungene architektonische Einheit, die mit dem Park über dem Øresund verschmilzt. Immer wieder kann der Blick von der Kunst durch große Fenster ins Grüne oder übers Blaue bis zur schwedischen Küste schweifen.

Sommerabende für die Sinne

Für eine Explosion kultureller Sinnlichkeiten sorgen in diesem Ambiente die lauen nordischen Sommernächte, an denen sich die Dunkelheit kaum traut, über das Land zu kommen. Ist das einer der Tage mit besucherfreundlich langen Öffnungszeiten, dann bleiben Sie doch einfach im Louisiana, gehen dort zum Abendessen ins **Louisiana Café** 1 mit seinen traumhaften Plätzen auf der Terrasse neben den Calder-Skulpturen und einer ›Million-Dollar-Aussicht‹ auf den Øresund. Ein Büfett gibt es an allen langen Abenden von dienstags bis freitags, bei schönem Wetter auch mal als Grillbüfett zubereitet – noch besser kann man einen Museumstag nicht abschließen.

Unterwegs zum Louisiana

Fahre ich mit dem Auto von Kopenhagen zum Louisiana, nehme ich die Küstenstraße über Klampenborg (s. S. 63) am Ufer des Øresund entlang vorbei an Prachtvillen, Yachthäfen und kleinen Badestränden. Hier leben im ›Whiskygürtel‹ – wo man angeblich nur Whisky statt proletarischem Bier trinkt – die von den dänischen Sozialstaatssteuern am schlimmsten Gebeutelten. Sie zeigen auf die Frage nach dem nächsten Schwimmbad oder Tennisplatz immer zuerst in den eigenen Garten und gehen außer Haus essen, wenn die Köchin ihren freien Tag hat – entsprechend

Highlight des Louisiana: Der Giacometti-Saal vereint Kunst und Natur in einem Blick

Übrigens: Ich kenne keine andere so vorbildliche **Museumskinderabteilung** wie die des Louisiana mit Zugang zum grünen Søhave. Kinder werden animiert, kreativ zu werden, meist angelehnt an aktuelle Ausstellungen. Und wenn das Interesse am Børnehus nachlässt, ist da vor Henry Moores »Liegender Figur« der Park mit dem steilen Rasenhang, den man toll herunterrollen kann.

hochwertig ist das kulinarische Angebot in der Umgebung.

In Rungsted, einem der edelsten Küstenorte Dänemarks, wuchs die Autorin Karen Blixen auf, in der Villa Rungstedlund wird an sie mit dem **Karen Blixen Museum** 2 erinnert (s. S. 74).

Hab ich genug Zeit, gönne ich mir den Kontrast-Stopp auf einem Gutshof ein paar Kilometer südlich des Louisiana: In **Nivaagaards Malerisamling** 3 hängen klassische italienische und niederländische Malerei sowie Gemälde aus dem dänischen ›Guldalderen‹ an den Wänden, darunter Dänemarks einziger Rembrandt. Das ›Damenporträt‹ und ein weiteres Bild klemmten sich 1999 Kleinganoven unter den Arm und marschierten praktisch unbehelligt aus dem Museum. Doch scheiterten die Gauner daran, die Gemälde zu Geld zu machen. Nur ein V-Mann der Polizei biss an. Die Gemälde kamen unbeschädigt zurück, die Sicherungen im Museum wurden modernisiert und die Story zu einem amüsanten Film, der als »Steeling Rembrandt – Klauen für Anfänger« auch deutsch synchronisiert als DVD zu haben ist.

Praktisches

Louisiana Museum of Modern Art: Gammel Strandvej 13, 3050 Humlebæk, (ca. 15 Min. Fußweg ab Bahnhof ausgeschildert), www.louisiana.dk, Di–Fr 11–22, Sa, So–18 Uhr, 115 DKK

Louisiana Café: Zugang nur mit Museumseintritt. Kaffee, Kuchen, Getränke zu den gesamten Öffnungszeiten, tgl. 12–15 Uhr Frokost-Büfett 129 DKK, Di–Fr ab 17.30 Uhr Abendbüfett 159 DKK, Kinder jeweils die Hälfte

Nivaagaards Malerisamling: Gammel Strandvej 2, 2990 Nivå, Tel. 49 14 10 17, www.nivaagaard.dk, Di–Fr 11–20, Sa, So 11–17 Uhr, 80 DKK

Genüsse an der Marina

Die entspannte Atmosphäre der Øresund-Orte prägt an der Sletten Marina von Humlebæk eine kleine gastronomische Perle, das **Restaurant Sletten** 2 (Gl Strandvej 137, 3050 Humlebæk, Tel. 49 19 13 21, www.sletten.dk, tgl. 12–15 und ab 18 Uhr, Winter So, Mo geschl.). Die ›Provinz-Filiale‹ des Kopenhagener Sternerestaurants Formel B lässt es mehr *casual* angehen als in der Hauptstadt. Das Konzept fusioniert französische Landküche mit den guten Dingen, die Dänemarks Äcker, Weiden und Meere hervorbringen, und wechselt mit den Jahreszeiten. Das Konzept ist eine dänische Variante der Tapas-Kultur: Viele kleine Leckereien von Suppen über Mini-Steaks bis zu Desserts zu je 125 DKK, von denen man je nach Hunger 3–5 für eine volle Mahlzeit braucht.

Nur Schritte entfernt liegt **Sletten Fiskehus,** ein Fischhandel mit einer eigenen Räucherei (Mo–Fr 9.30–17 Uhr, Sa 9–13 Uhr). Da gibt's günstig frisch Geräuchertes und Salate zum Mitnehmen. An den Picknickplätzen vor der Tür kann man es sich gemütlich machen.

15 | Eine andere Dimension – Flakfortet

Karte: ▶ Karte 3 | **Anfahrt:** Spar Shipping ab Nyhavn

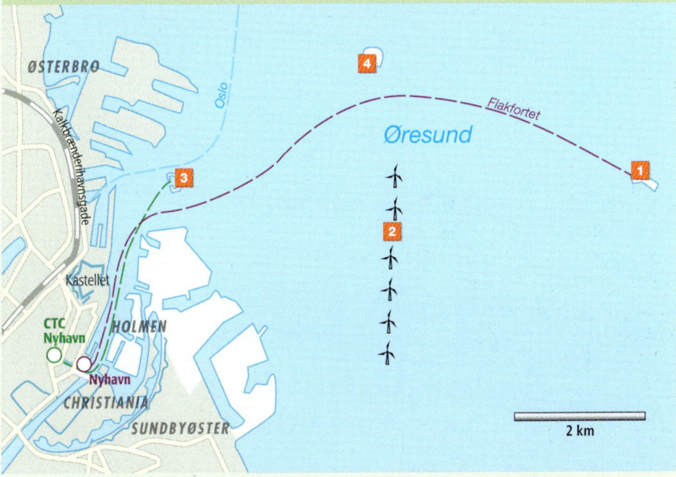

Nur wenige Dänen kennen Flakfortet, die junge Insel mit militärischer Vergangenheit vor ihrer Hauptstadt. Schon die Überfahrt ist ein Erlebnis: vorbei an Schauspielhaus, Oper, Meerjungfrau, Trekroner, Middelgrundsfortet und dem Middelgrunden Wind Park, der helfen soll, Kopenhagen CO_2-neutral werden zu lassen.

Die 45 Minuten vom menschenüberfluteten Nyhavn, wo die Schiffe der Spar Shipping ablegen, bis zum Kai der alten Seefestung sind ein Sprung in eine andere Dimension. **Flakfortet** 1 ist einer dieser Orte ohne rennende Zeit, wo man die Füße hochlegt, die hektische Welt am Horizont zwar wahrnimmt, wo man selbst aber nicht mehr Teilnehmer dieser Hatz ist. Allenfalls an Wochenenden wird es munterer, aber mit jener guten Stimmung, die nordische Segler überall verbreiten, wo sie festmachen.

Jede Tour über Flakfortet offenbart grandiose Ausblicke auf die dänische und schwedische Küste, auf die Silhouette der Øresund-Brücke, auf den **Windpark** 2 und auf den Schiffsverkehr in einer der meistbefahrenen Meerengen der Welt. Mit ihren 340 m Länge kann Flakfortet gerade noch mit den größten Kreuzfahrtschiffen mithalten, wenn die auf dem Weg von und nach Kopenhagen in Sichtweite an der Insel vorbeiziehen. Bei der Höhe ist Flakfortet dann chancenlos: Gerade 21 m ragt es aus den Wellen. Auf der Spitze weht der Danebrog, weil es dänisches Territorium ist, aber die Insel gehört seit 2001

Auf der Fahrt nach Flakfortet beeindruckt Middelgrunden mit seinen riesigen Windrädern

schwedischen Investoren und auch der Hafenmeister, die einzig wahre Autorität auf Flakfortet, ist Schwede.

Deutsche Episode

Angelegt wurde die Seefestung von 1910 bis 1914 als Teil eines Befestigungsrings zum Schutz Kopenhagens. Dabei musste von Grund auf gebaut werden, denn die ganze Insel ist künstlich. Das ›Flak‹ im Namen stammt nicht von Flugabwehrkanonen, sondern vom dänischen Wort für einen flachen Sandgrund im Meer – auf so einem Flak entstand die Insel. Militärisch erlebte Flakfortet nur eine unblutige Besetzung durch deutsche Truppen im Zweiten Weltkrieg. Schließt man sich einer Führung an, die im Sommer durch die Anlagen führen, kommt man in einen versteckt liegenden Raum in den Katakomben, den die Deutschen einrichteten und den nach ihrer Kapitulation niemand mehr nutzte. Lediglich der Zahn der Zeit hat den Pritschen arg zugesetzt. Einen Kameraden haben die Besatzer aber vergessen, als sie Flakfortet 1945 verlassen mussten, und seitdem spukt Helmut als ein von Heimweh geplagter, aber sonst ganz verträglicher Geist durch die langen alten Gänge und über die verwinkelten Treppen.

Zerstörung und Restaurierung

Bis in die 1960er dürfte es Helmut nicht langweilig geworden sein, solange betrieb hier die dänische Luftwaffe eine Raketenstellung. Es folgte das dunkelste Kapitel: Fast ein Jahrzehnt kümmerte sich niemand um Insel und Anlagen. Was nicht niet- und nagelfest war, wurde ausgebaut und mitgenommen, zurück blieb kaum mehr als dicke Mauern und die Wände der Kaserne, die sich in dem aufgeschütteten Hügel verbirgt. Sogar Abschnitte der äußeren Mole aus Granit wurden abgetragen und weggeschifft, oft zum Bau von Marinas anderswo am Øresund. Als Flakfortet restauriert wurde, mussten zuerst einmal diese Lücken mit mächtigen Dolossen aus Beton geflickt werden. Unter diesen Voraussetzungen ist die Restaurierung wunderbar gelungen. Zimmer und sanitäre Anlagen sind so gut in Schuss, dass man hier sogar prima übernachten kann, und die Reste der alten Festung von den unterirdischen Gängen bis zu den Fundamenten der Geschütze ganz oben wurden so gesichert, dass man sie gefahrlos betreten kann, aber ohne dass die Patina verloren ging.

Und noch zwei Festungen

Trekroner 3 wurde zwischen 1787 und 1827 in der Hafeneinfahrt angelegt und bis 1932 militärisch genutzt. Erst halb fertig, hinderten ihre Kanonen 1801 eine englische Flotte, bis in die Stadt zu segeln. Ausstellungen in den schummerigen Katakomben der alten Militäranlagen sind immer ein besonderes Erlebnis, ebenso ein Picknick auf den Wällen. Ausflugsboote von Canal Tours Copenhagen (s. S. 24) legen auf Trekroner an.

Die Feste **Middelgrundsfortet** 4, 1890 bis 1894 gebaut und bis 1984 militärisch genutzt, ist die größte künstliche Insel der Welt ohne Festlandsanbindung. Seit 2014 ist die Insel im Besitz der Dänischen Pfadfinderorganisation und soll zur Jugendinsel für Aktivitäten und Teambuilding ausgebaut werden. Ob sie für die Öffentlichkeit zugänglich wird, ist derzeit noch ungewiss.

Infos und Übernachten

Havnekontor Flakfortet: www.flakfortet.dk, Tel. 32 96 08 00. Hafenmeisterei mit Mini-Shop kassiert Liegegebühren, vermietet Zimmer in Ex-Mannschaftsunterkünften (DZ 850 DKK, Familienzimmer max. 8 Pers., bei 2 Pers. 650 DKK, jede weitere 220 DKK, Bad/WC auf dem Gang) und liefert picknickgeeignete Frühstückspakete.

Essen und Trinken

Restaurant Flakfortet im Glaspavillon am Hafen mit Aussicht auf den Øresund, tgl. ca. 11.30–22 Uhr, So, Mo eingeschränkt. Mittags dänische Frokost-Küche mit Büfett (ca. 245 DKK) oder kleinen Gerichten (ca. 80–125 DKK), abends viel vom Grill à la carte (ca. 120–260 DKK) oder vom Büfett (ca. 275 DKK). An Sommerwochenenden oft Livemusik. Reservierungen via Spar Shipping oder bei Ankunft vor Ort.

Hinkommen

Spar Shipping: Büro Kvæsthusgade 6, Tel. 33 33 93 55, www.sparshipping.dk, Anleger vor Nyhavn 71, Ende April–Sept. 3–5 x tgl. außer Mo, ca. 45 Min. Überfahrt, Erw. 130 DKK (nach 18 Uhr Zuschlag), Kinder 4–14 Jahre 75 DKK

Segeln: 55 42,13 N, 12 43,78 O, ca. 200 Liegeplätze. Jedes Anlaufen, auch tagsüber zum Sightseeing, kostet bis 12 m 100 DKK, über Nacht 200 DKK, über 12 m 130/240 DKK.

Noch mehr Kopenhagen

Museen und Attraktionen

Arken – Museum for Modern Kunst ► Karte 3 (20 km südwestl.)
Skovvej 42, 2635 Ishøj, www.arken.dk, ab S-Bahn Ishøj Bus 128, Di–So 10–17, Mi–21 Uhr, 95 DKK
Nur wenige Schritte hinter einem der populärsten Strände im Süden Kopenhagens ragt ›Die Arche‹ aus den Dünen. Schon die Entscheidung für den Architekten machte Schlagzeilen: Den Wettbewerb gewann ein völlig unbekannter, 25-jähriger Architekturstudent: Robert Lund definierte sein Gebäude aus Beton und verzinktem Stahl als eine dekonstruktivistische Skulptur. Wahrzeichen ist der 12 m hohe Bug, der den 150 m langen Hauptraum, die sogenannte Kunstachse, nahe dem Eingang abschließt. Rechts und links quellen Galerien, ein Saal für Konzerte und Theater sowie das rundum verglaste Restaurant mit Blick auf Dünen und Meer aus dem Rumpf hervor. Schiff, gestrandeter Wal, havarierter Raumkreuzer – gehen Sie einfach um das Museum herum und formen Sie sich Ihre eigene Definition. Arken sammelt vornehmlich dänische und nordische, aber auch internationale Kunst der Gegenwart von morgen oder übermorgen und zeigt diese in immer wieder aufsehenerregenden Ausstellungen.

Staatliche Museen sind außer zu einigen Sonderausstellungen kostenlos, u. a. Tøjhusmuseet (Zeughausm., s. S. 45), Den Kongelige Afstøbningssamling (s. S. 47), Orlogsmuseet (Marinem., s. S. 51), Nationalmuseet (s. S. 61), Frilandmuseet Sorgenfri/Brede Værk (s. S. 74) und Statens Museum for Kunst (s. S. 76). Weitere Museen haben Gratistage wie Thorvaldsen Museum (s. S. 45, Mi), Ny Carlsberg Glyptotek (s. S. 60, Di) und Museum Hirschsprung (s. S. 74, Mi). Viele Häuser müssen nach Dänemarks Museumsgesetz zudem allen unter 18 Jahren freien Eintritt gewähren, darüber hinaus gibt es Rabatte für Studenten und Senioren – Ausweise nicht vergessen.

Carlsberg Besøgscenter ► B 8
Gamle Carlsberg Vej 11, 2500 Valby, www.visitcarlsberg.dk, S-Bahn: Enghave, Busse: Bjerregårdsvej, Di–So 10–17 Uhr, inkl. Produktprobe 85 DKK/ab 18 Jahren, 60 DKK/6–17 Jahre
Zwar endete 2008 am Stammsitz der 1847 gegründeten Carlsberg Brauerei die Massenproduktion, aber wie Bier gemacht wird und früher gemacht wurde und wie aus einer kleinen Kopenhagener Brauerei ein Weltkonzern wurde, dokumentiert das Besucherzentrum, das mehr Museum denn arbeitende Brauerei ist. Den Part übernimmt beim Rundgang das gegenüber der alten Bierfabrik geradezu intime Brauhaus Jacobsen, das im Konzern für trendige Designerbiere zuständig ist. Dort endet die Tour

Sah es so bei Ihnen gestern auch noch aus? Das 20. Jh. im Designmuseum Danmark

mit einer Probe und der Option auf eigene Kosten mehr zu trinken und zu essen. Interessant ist Carlsbergs Industriearchitektur: Wahrzeichen der Brauerei ist das Tor mit vier Elefanten aus Bornholmer Granit über dem Ny Carlsbergvej. An denen fällt das bis 1930 benutzte Carlsberg-Markenzeichen ins Auge: das Hakenkreuz. Die Brauerei verzichtete schon früh darauf, um nicht mit der Hitler-Bewegung in Deutschland in Verbindung gebracht zu werden.

Danmarks Akvarium – Den Blå Planet ► Karte 3 (6 km südöstl.)

Jacob Fortlingsvej 1, 2770 Kastrup, www.denblaaplanet.dk, Bus 5A oder Metrostation Kastrup, Di–So 10–18, Mo –21 Uhr, 169 DKK, 95 DKK/3–11 Jahre, große Gastronomie

Der spektakuläre Bau am Øresund will wie ein Wasserstrudel wirken, könnte mit seiner Metallhaut aber auch ein gestrandetes Ufo sein. Dänemarks Nationalaquarium zeigt das Leben in heimischen Gewässern, aber auch in Afrikas Seen, im Amazonas und an einem Korallenriff. ›Oben offen‹ und damit rund ums Jahr dem realen Wetter ausgesetzt sind Vogelklippen, die man sonst auf den Färöer-Inseln im Nordatlantik sieht. Die Papageitaucher, die hier in künstlichen Höhlen nisten, tummeln sich gern vor ihren Felsen im Wasser zwischen den Dorschen und Schellfischen. Andere Höhepunkte sind leicht zu trainierende Meerotter in einem Außenbecken und das Ozeanarium mit gläsernem Unterwassertunnel und einer 128 m^2 großen Panoramascheibe, hinter der exotische Haie und großen Rochen ihre Bahnen ziehen.

Dansk Arkitektur Center/ Gammel Dok ► H 6

Strandgade 27B, 1401 Køb K, www.dac.dk, Metro/Busse: Christianshavn, tgl. 10–17, Mi kostenlos auch 17–21 Uhr, Erw. 60 DKK/ab 15 Jahre

Ein restaurierter Hafenspeicher dient vorläufig als Ausstellungshaus zur Architektur. Das DACAFÈ – Zugang auch ohne Eintritt – bietet zum Frokost eine Traumaussicht über den Hafen auf die Silhouette der Stadt. 2017 ist der Umzug in den neu entstehenden BLOX–

Komplex auf der anderen Hafenseite geplant.

Designmuseum Danmark ▶ H 4
Bredgade 68, 1260 Køb K, www.designmuseum.dk, Busse: Esplanaden/Grønningen, Di–So 11–17, Mi bis 21 Uhr, 100 DKK/ab 26 Jahre
Das ehemalige Kunstindustriemuseum ist die wichtigste Ausstellungsstätte im Norden für dänisches und internationales Industriedesign und Kunsthandwerk, einen seiner Schwerpunkte sieht es in modernem dänischen Industrie- und Möbeldesign. Daneben besitzt es eine der besten Sammlungen japanischen Kunsthandwerks außerhalb Japans. Im Innenhof des ehemaligen Krankenhauses nutzt das Museumscafé mit seiner modernen Frokostküche eine kleine geschützte Ecke – pure Idylle im Sommer und ohne Eintritt zu erreichen!

Experimentarium ▶ Karte 3
Tuborg Havnevej 7, 2900 Hellerup, www.experimentarium.dk, Busse: Tuborg Boulevard, nach Renovierung und Erweiterung Neueröffnung ca. Sept. 2016, bis Ende Juli Ausweichquartier auf Papirøen gegenüber dem Schauspielhaus ▶ J 5
Verspielt animiert das nördlich der City gelegene Wissenschaftszentrum Kinder und Eltern zum Anfassen, Mitmachen und Experimentieren. Deutsche Eltern könnten in Erklärungsnöte kommen, weil alles nur auf Dänisch, Schwedisch und Englisch beschrieben wird, aber es gibt Spannendes für Stunden, das man auch ohne Worte erfassen kann.

Frilandsmuseet Sorgenfri/ Brede Værk
▶ Karte 3 (15 km nordwestl.)
www.natmus.dk, Mai–Sept. Di–So 10–16/17 Uhr, gratis; Sorgenfri: Kongevejen 100, 2800 Lyngby, Bus 184 ab Nørreport oder S-Bahn Sorgenfri; Brede Værk: I. C. Modevegsvej 6, 2800 Lyngby, S-Bahn bis Jægersborg, ab dort Nærum Bahn bis Brede
Das volkskundliche Freilichtmuseum **Sorgenfri** zeigt bäuerliche Bauten aus Dänemark und ehemals dänischen Gebieten, darunter einen mächtigen Eiderstedter Haubarg aus Schleswig-Holstein, einen Hof mit Grassodendach von den nordatlantischen Färöer-Inseln und einen mit Seetangdach von der Kattegat-Insel Læsø. Mit mehr als 70 kompletten Häusern und Höfen ist Sorgenfri eines der größten Museen seiner Art weltweit. Auf dem weitläufigen Gelände gibt es für Familien mit Kindern viel Abwechslung durch Tiere, Demonstrationen ländlicher Tätigkeiten und vielen Mitmachaktionen. Im Norden grenzt Sorgenfri an das grüne Tal der Mølleå. Dort gehört die alte Textilfabrik **Brede Værk** ebenfalls zum Nationalmuseum, das in der Vorzeigefabrik aus den Kindertagen der Industrialisierung gern große Themenausstellungen zeigt sowie seine Sammlungen zu Trachten und Moden aus den letzten drei Jahrhunderten und zur Industrialisierung.

Hirschsprung ▶ F/G 3
Stockholmsgade 20, 2100 Køb Ø, www.hirschsprung.dk, Busse: Sølvtorvet, tgl. außer Di 11–16 Uhr, 75 DKK ab 18 Jahre, Mi gratis, abweichend bei Sonderausstellungen
Das kleine Kunstmuseum, das auf die private Sammlung eines reichen Tabakfabrikanten zurückgeht, liegt im wahrsten Sinne des Wortes im Schatten des Statens Museum for Kunst (s. S. 76) am Rande des Parks Øster Anlæg. Es zeigt dänische Malerei des 18. und 19. Jh. mit den deutlichen Schwerpunkten Goldenes Zeitalter und Skagenmaler. Gut vertreten ist der gerade auch in Deutschland hoch geachtete Vilhelm

Hammershøj (1864–1916), u. a. mit einem seiner melancholischen Hauptwerke: »Interieur mit lesendem jungen Mann«.

Karen Blixen Museum

► Karte 3 (23 km nördl.)

Rungstedlund, Rungsted Kystevej 111, 2960 Rungsted Kyst, www.blixen.dk, Bahn: Rungsted Kyst, Mai–Sept. Di–So 10–17, Juli–Aug. auch Mo 12–19, sonst Mi–Fr 13–16, Sa, So 11–16 Uhr, 75 DKK ab 15 Jahre

Erinnerungsmuseum im ehemaligen Wohnsitz der Autorin Karen, in Deutschland Tanja, Blixen (1885–1962). Ihre Bücher sind Klassiker und erlebten eine Renaissance, als Hollywood aus ihrem autobiografischen Hauptwerk »Jenseits von Afrika« einen Blockbuster mit Meryl Streep als Karen Blixen machte. Das Café Karen Blixen ist ohne Museumseintritt zugänglich und bietet Gartenidylle, Øresundblick, mittags herzhafte Frokost-Küche und Brunchbüffet am Wochenende (175 DKK).

Kunsthall Charlottenborg

► Karte 2, H 5

Nyhavn 2, 1051 Køb K, www.kunsthalcharlottenborg.dk, Zentrum, Di–So 11–17, Mi bis 20 Uhr, 60 DKK ab 16 Jahre

Das äußerlich unscheinbare Schloss im Stil des holländischen Barock am Eck Nyhavn Kanal/Kongens Nytorv entstand 1672–83 und ist seit Mitte des 18. Jh. Sitz der dänischen Akademie der schönen Künste. Im separaten Ausstellungsgebäude ›Kunsthall‹ werden jährlich vier bis fünf große Wechselausstellungen gezeigt. Trends in der dänischen Kunstszene setzt die immer mit Spannung erwartete Frühjahrsausstellung junger Künstler.

Københavns Museum ► F 6

Stormgade 18, 1555 Køb V, www.copenhagen.dk, Busse Rådhuspladsen, Zeiten und Preise nach Wiedereröffnung s. Website

Frühestens Ende 2017 wird Kopenhagens Stadtmuseum mit mehr Platz in neuen Räumlichkeiten hinter dem Rat-

De 4 Topattraktioner

Vier ungemein werbepräsente **Pseudomuseen** mit hohem Fun- und niedrigem Bildungsfaktor: Wachs, Plastik und Lichteffekte visualisieren, wie ein 1,5 kg schwerer Apfel, ein Mann beim Verspeisen einer Fahrradfelge oder mit drei Billardkugeln im Mund aussieht. Dabei ist das **›Guinness World of Records Museum‹** für Rekorde zuständig, **›Ripley's Believe it or not Museum‹** für Absurditäten, **›The Mystic Exploratorium‹** setzt die Ästhetik von Videospielen in Zimmergröße um und **›H. C. Andersen Eventurhuset‹** bereitet Leben und Märchenwelten des großen Dänen für leseferne Schichten auf. Teens fühlen sich von Szenarien aus der Film-, Comic-, Grusel-, Sport- oder Absurditätenwelt angesprochen, kleinere Kinder erschrecken derweil über allzu schrille Szenen.

Guinness World of Records Museum und **The Mystic Exploratorium** (► Karte 2, G 5, Østergade 16, 1100 Køb K), **Ripley's Believe it or not Museum** und **H. C. Andersen Eventyrhuset** (► Karte 2, F 6, Rådhuspladsen 57, 1550 Køb K), für alle: www.topattractions.dk, Mitte Juni–Aug. tgl. 10–22, sonst tgl. 10–18, Fr, Sa bis 20 Uhr, je Attraktion 4–11 Jahre 40–50 DKK, ab 12 Jahre 60–90 DKK, Rabatt bei Kombitickets, z. B. für alle 4: 130/215 DKK.

haus wieder eröffnen. Archäologen des Museums sind für alle Ausgrabungen in der Stadt verantwortlich und der aktuelle Metroausbau verschafft ihnen lange nicht dagewesene Möglichkeiten, deren Ergebnisse sicher in die neuen Ausstellungen einfließen. Das Museum besitzt zudem eine einzigartige Sammlung mit Gegenständen aus dem Besitz des bekanntesten Philosophen Dänemarks, Søren Kierkegaard (1813–55), der sein ganzes, aber kurzes Leben in Kopenhagen verbrachte.

Nordatlantens Brygge ► J 5

Strandgade 91, 1401 Køb K, www.bryggen.dk, Busse/Metro: Christianshavns Torv, Mo–Fr 10–17, Sa, So 12–17 Uhr, 40 DKK, 20 DKK 12–17 Jahre

Dänemark ist als Kolonialmacht kaum im Bewusstsein, hat aber bis heute mit den Färöer-Inseln und Grönland Teile seiner Kolonien noch nicht gänzlich in die Unabhängigkeit entlassen. Zusammen mit dem seit 1944 selbstständigen Island präsentieren die nordatlantischen ›Länder‹ in einem restaurierten Speicher aus dem 18. Jh. direkt am alten Grønlandske Handels Plads – über den jahrhundertelang der gesamte Handel mit den Kolonien abgewickelt wurde – ein breites Veranstaltungs- und Ausstellungsprogramm. Unter dem langen Dach des Speichers finden sich außerdem Islands Botschaft, die ständigen Vertretungen der Färöer-Inseln und Grönlands sowie das weltbekannte Gourmetrestaurant NOMA (s. S. 92).

Statens Museum for Kunst ► F/G 3/4

Sølvgade 48, 1307 Køb K, www.smk.dk, Busse: Statens Museum for Kunst, Bahn/S-Bahn/Metro: Nørreport, Di–So 10–17, Mi bis 20 Uhr, gratis, Sonderausstellungen bis 110 DKK

Die Staatliche Kunstgalerie zeigt in ihrem architektonisch spannenden Mix eines alten Traktes aus dem später 19. Jh. und eines fast genau 100 Jahre jüngeren modernen Anbaus dänische Kunst aller wichtigen Epochen bis zur Gegenwart sowie Nebenwerke europäischer Meister wie Tizian, Rubens oder Matisse. Natürlich sind auch die großen Skandinavier wie Nolde oder Munch gut vertreten und das Museum besitzt die weltweit beste Sammlung von Werken des Trompe-l'œil-Malers Cornelius Norbertus Gijsbrecht, der in seinen produktivsten Jahren 1668–72 am Hof in Kopenhagen malte und erst in jüngster Zeit als ein avantgardistisches Genie des 17. Jh. wiederentdeckt wurde. Viele Kopenhagener werfen aber nur einen kurzen Blick auf die Kunst, wenn sie zum Frokost ins Museumscafé stürmen, das hinter dem großen Panoramafenster des Neubaus mit Blick ins Grüne liegt.

Schlösser, Festungen und eine Siedlung

Frederiksborg Slot/Det Nationalhistoriske Museum/ Barokhaven ► Karte 3

3400 Hillerød, www.dnm.dk, S-Bahn: Hillerød, April–Okt. tgl. 10–17, sonst tgl. 11–15 Uhr, 75 DKK/Erw., 20 DKK/ 6–15 Jahre, Fähre Mitte Mai–Mitte Sept. u. 42. Wo. 30/10 DKK; Garten tgl., gratis

Über den Slotssø tuckert von Mitte Mai bis Mitte September Dänemarks kleinste Fähre M/F Frederiksborg jeden Tag etliche Male das kurze Stück vom Torvet im Zentrum von Hillerød zum Schloss hinüber und bietet dabei den besten Blick auf das Schloss. Frederiksborg sieht nach Renaissance aus, ist aber nur Rekonstruktion eines 1859 ab-

Hinter den Mauern von Frederiksborg verbirgt sich das Nationalhistorische Museum

gebrannten Originals. Es beherbergt Dänemarks Nationalhistorische Sammlung mit einer der größten Porträt-Sammlungen der Welt. Die schönsten Räume sind der Rittersaal und die beim Brand unversehrt gebliebene Schlosskirche. Rekonstruktion ist auch der barocke Schlossgarten Barokhaven mit seinen Wasserkaskaden. Er breitet sich so in der Achse des Schlosses nördlich des Slotssø aus, wie er 1720 im Auftrag von Frederik IV. angelegt worden sein dürfte. Am Seeufer, von den höher gelegenen Terrassen gut zu überblicken, erkennt man die mit rund 65 000 Buchsbäumchen gepflanzten Monogramme jener vier Monarchen, unter denen der Garten bisher existierte.

Kastellet ► H 3

Freier Zugang u. a. von Esplanaden, tgl. 6–22 Uhr, Busse: Esplanaden/Grønningen, S-Bahn: Østerport, gratis

Die für Frederik III. 1662–63 als Schutzraum für die Elite der Stadt bei längeren Belagerungen gebaute Zitadelle mit ihren fünf Bastionen wurde nach dem weitgehenden Abzug des Militärs in den 1990er-Jahren restauriert und dabei auf das ursprüngliche, barocke Aussehen zurückgebaut. Auffälligstes Bauwerk neben der holländischen Mühle ist die Kirche von 1704 mit einem direkt angebauten Gefängnis – Gefangene konnten durch Löcher in den Wänden Gottes Wort lauschen. Dank der Lage gleich hinter der Kleinen Meerjungfrau lässt sich ein Gang durch die Anlage gut mit einem Besuch bei Kopenhagens Wahrzeichen verbinden.

Nyboder ► G/H 3/4

In das Dreieck zwischen Øster Voldgade und Store Kongensgade zwängt sich eine pittoreske Reihenhaussiedlung. Christian IV. ließ sie ab 1632 für Marinesoldaten und deren Familien bauen. Bis 1787 kamen immer neue Häuschen hinzu, rund 600 waren es schließlich. Die meisten sind als Wohnraum erhalten, die älteste an der Skt. Paulsgade 20–40. Wo so viele Seeleute wohnten, erinnert man gern an die große Tage der dänischen Marine wie an der Store

Kongensgade mit einem Denkmal an die letzte siegreiche Seeschlacht 1864 vor Helgoland gegen eine kaiserlich-österreichische Flotte.

Rosenborg ▶ Karte 2, F/G 4
Øster Voldgade 4 A, 1350 Køb K, www.rosenborgslot.dk, Busse/Metro/S-Bahn: Nørreport, Mai, Sept., Okt. tgl. 10–16, Juni–Aug. 10–17, sonst Di–So 10–14 Uhr, 90 DKK + Amalienborg-museet (s. S. 39) 130 DKK
Christian IV. wollte nur eine bescheidene Villa im Grünen, aber es wurde etwas mehr: Rosenborg ist ein repräsentatives Renaissanceschloss, in dem die Kronjuwelen sowie Gedenkräume für alle Könige der Oldenburger Linie der dänischen Monarchie vom Bauherrn, der 1588 den Thron bestieg, bis zu Frederik VII., der 1863 starb, zu sehen sind – fortgesetzt wird diese königliche Sammlung mit den Erinnerungen an die Glücksburger Linie in Schloss Amalienborg (s. S. 39).

Kirchen und Türme

Christians Kirke ▶ Karte 2, H 6
Strandgade 1, 1401 Køb K, Busse/Metro: Christianshavns Torv, Di–Fr 10–16 Uhr, außer bei kirchlichen Handlungen
Der Rokoko-Baumeister Nicolai Eigtved, dem Kopenhagen u. a. Amalienborg und Marmorkirken verdankt, lieferte die Pläne für die ungewöhnlichste Kirche der Stadt – innen eher Theater denn Gotteshaus und wohl deshalb so populär für Konzerte und Aufführungen, u. a. beim jährlichen Jazzfestival: Drei Galeriereihen, in denen einst die Reichen eigene Logen hatten, ziehen sich um das Kirchenschiff. Als ›Frederiks Tyske Kirke‹ war sie nach der Fertigstellung 1759 lange Kirche der deutschen Gemeinde in Kopenhagen.

Holmens Kirke ▶ Karte 2, G 6
Holmens Kanal, 1060 Køb K, www.holmenskirke.dk, Mo–Fr 10–15.30/16, Sa 9–12 Uhr, außer bei kirchlichen Handlungen
Die Renaissancekirche wirkt neben dem mächtigen Christiansborg und der auffälligen Börse eher unscheinbar, ist innen aber reich ausgestattet. Christian IV. ließ sie im frühen 17. Jh. aus einer Ankerschmiede zum Gotteshaus für die von ihm so geliebte Marine umbauen. Die Kirche blieb immer eng dem Königshaus verbunden, so wurde Margrethe II. hier getauft und getraut.

Rundetårn ▶ Karte 2, F/G 5
Købmagergade 52A, 1150 Køb K, www.rundetaarn.dk, Zentrum, Juni–Sept. tgl. 10–20, sonst tgl. 10–18 Uhr, Observatorium: Mitte Okt.–Mitte März Di, Mi 19–21 Uhr, Erw. 25, Kinder 5 DKK
Noch eine Idee von Christian IV.: Er ließ 1637–42 den 35 m hohen Turm an die Trinitatis Kirke anbauen, auch als Zugang zur damaligen Uni-Bibliothek im Dach der Kirche – dieser faszinierende Raum wird heute für Ausstellungen und Events genutzt. Der ›Aufgang‹ windet sich als 200 m langer, stufenloser Gang im Inneren des Turms siebeneinhalbmal um den Kern bis zur Spitze. Staatsgäste wurden früher mit der Kutsche hinaufgekarrt und eine Autotour ist für 1902 belegt. Das Observatorium auf der Turmspitze ist seit 1642 in Betrieb und damit das älteste der Welt.

Parks und Plätze

Viele Grünanlagen, die Kopenhagens Zentrum umgeben, sind Reste einer im 19. Jh. geschleiften Wallanlage. Typisch sind die ›zackigen‹ Seen, die aus den Wallgräben entstanden. Der Umgang der Kopenhagener mit ihren Parks ist leger. Da wird freizügig Haut in die Sonne gehalten, gegrillt, getrunken und gern auch mal ein Familienfest gefeiert.

Botanisk Have/Statens Naturhistoriske Museum ► F 4

Gothersgade 128, 1123 Køb K, www.botanik.snm.ku.dk, Busse/Metro/S-Bahn: Nørreport, April–Sept. tgl. 8.30–18, sonst –16 Uhr, abweichende Öffnungstage und -zeiten für Palmenhaus und Gewächshäuser, gratis

Der Botanische Garten entstand 1874 als Teil der Universität und bildet heute zusammen mit dem Geologischen und dem Zoologischen Museum Dänemarks Naturhistorisches Museum. Für dessen zurzeit noch übers Stadtgebiet verteilte Abteilungen entsteht im Nordostteil des Botanischen Gartens ein ambitioniertes, großzügiges Museumsgebäude als Kombination denkmalgeschützter Alt- und lichtdurchfluteter Neubauten – bis 2020 soll daran gebaut werden, ohne dass der eigentliche Park beeinträchtigt ist. Dort wachsen auf 10 ha rund 13 000 Pflanzenarten. Schmuckstück ist das Palmenhaus von 1874 (10–15 Uhr) aus Glas und Gusseisen, finanziert vom Gründer der Carlsberg Brauerei J. C. Jacobsen.

Fælledparken ► E/F 1/2

Der ›Gemeinschaftspark‹ neben Dänemarks Nationalstadion ist die sportlichste Grünanlage der Stadt mit Bolzplätzen, Joggingstrecken und Skandinaviens größter Skateranlage. Auf dem Tårnlegepladsen, dem Turm-Kletterpark, im Südzipfel können Kinder auf Nachbildungen der Kopenhagener Türme herumklettern, und rund um den Pavillon in der Parkmitte, der von April bis September als Café dient, gibt es oft Konzerte.

Halmtorvet ► E 7

Nirgendwo wird der Wandel des Rotlicht- und Problemviertels Vesterbro zum Szenespot deutlicher als rund um den verkehrsberuhigten Halmtorvet. Schmucke Bistros, angesagte Restaurants und trendige Kneipen säumen den Platz vor dem Ausstellungs-, Veranstaltungs- und Kulturzentrum **Øksnehallen** und ziehen sich weit in das Gebiet der Kopenhagener Schlachthöfe hinein. Der ganze Komplex heißt kurz und knapp Kødbyen, die Fleischstadt, obwohl hier u. a. auch Fischhändler vertreten sind. Der Name bekam eine neue Bedeutung, als in der zweiten Hälfte des vorigen Jahrhunderts ein Straßenstrich am Halmtorvet für zusätzlichen Verkehr sorgte. Das damit verbundene Milieu machte den Platz und die daran gelegene Polizeiwache zum Schauplatz vieler Kopenhagenkrimis, sowohl in den 1980ern bei Dan Turèll als aktuell in den Büchern von Sara Blædel.

Kongens Have ► G 4

Neben Schloss Rosenborg (s. S. 78) und der Rosenborg-Kaserne der königlichen Leibgarde breitet sich die größte Grünanlage der Innenstadt aus. Anfang des 17. Jh. als königlicher Blumen- und Gemüsegarten angelegt und später zum Barockpark umgestaltet, ist er heute Pausenplatz, Picknickwiese, Sonnenbank und Spielplatz der Menschen, die in der City leben oder arbeiten. Unter den Skulpturen von klassizistisch bis modern ist der H. C. Andersen in Bronze von August Saaby berühmt, auf den man am Nordende des lindengesäumten Damengangs, Damegangen, zuläuft.

Ørstedsparken ► Karte 2, E/F 5

Einer der typischen Parks, die auf den alten Stadtwällen entstanden. Er grenzt ans Latinerkvarteret (s. S. 36) und wird nachts zur Cruising-Bahn für Schwule.

Ausflüge

Baadfarten ▶ Karte 3

Ausflugsboote der *baadfarten*, die ältesten über 100 Jahre alt, kreuzen über die Seen westlich von Kongens Lyngby. Ausflugslokale und das pittoreske Strømhuset, ein Schleusenwärterhaus in **Frederiksdal** mit Kanuverleih, sind ebenso Ziele wie das für ambitionierte Kunstausstellungen berühmte **Sophienholm.** Zu dessen wenigen permanenten Kunstwerken zählt als Resultat eines wilden Wochenendes 1949 »CoBrA loftet«, die bemalte Decke einer ansonsten verfallenen Wochenendhütte und das einzige bekannte Kollektivwerk von CoBrA-Künstlern, zu denen die Dänen Asger Jorn und Carl-Henning Pedersen gehörten. Anfang des 19. Jh. war die ›italienische‹ Villa über dem Ufer des Bagsværd Sø Zentrum des dänischen Salonlebens. Gastgeberin war die deutschstämmige Schriftstellerin und Lyrikerin Frederikke Brun, eng befreundet mit Germaine de Staël und bekannt mit Schlegel, Goethe, Schiller und Herder sowie der gesamten dänischen »Guldalderen«-Kulturszene.

Infos

Baadfarten: www.baadfarten.dk, ab Lyngby Hovedgade 500 m von S-Bahn Lyngby, Mai–Sept. Di–So bis 6 x tgl.
Frederiksdal Kanuverleih: Nybrovej 520, 2800 Lyngby, www.kanokajak center.dk, auch Kajaks und Ruderboote.
Sophienholm: Nybrovej 401, 2800 Lyngby, www.sophienholm.dk, Bus 191 ab S-Bahn Lyngby oder baadfarten (s. o.), Di–So 11–17, Do –19 Uhr, 65 DKK/ab 16 Jahre

Helsingør ▶ Karte 3

Der rund um die Uhr geschäftige Fährhafen bestimmt den Lebensrhythmus der Stadt, 20 Minuten dauern Überfahrten nach Schweden. Im Zentrum sind Bauten und Gassen aus dem Mittelalter zu entdecken, so die **Skt. Mariæ Kirke.** Dort zeigt im Gewölbe eine Kalkmalerei einen Schweinebraten vor Jesus und seinen Jüngern beim Abendmahl – eher dänische denn jüdische Küche. Die schmalste Stelle des Øresund bewacht das **Renaissanceschloss Kronborg,** UNESCO-Welterbe und Heimat von Shakespeares Hamlet. Innen imponieren königliche Gemächer und der 600 m² große Festsaal, während in den Kasematten der sagenhafte **Holger Danske** wartet, Dänemark bei Gefahr zu retten.

Zwischen Zentrum und Schloss wurde aus einem schmuddeligen Industriehafen das Schmuckstück **Kulturhavn Kronborg** mit rekonstruierten Befestigungen, wie sie Ende des 17. Jh. angelegt waren, dem quirligen Kulturzentrum **Kulturværftet** und dem spiegelnden Edelstahl-Bruder der Meerjungfrau: Han, ein Werk des bekannten dänisch-norwegischen Künstlerduos Elmgreen & Dragset. Juwel ist das **M/S Museet for Søfart,** ein weltweit bewundertes Beispiel moderner Architektur obwohl über der Erde fast unsichtbar: Das nationale Seefahrtmuseum entstand unterirdisch um das ehemalige Trockendock einer stillgelegten Werft. Kreuz und quer durch die 150 m lange Betonwanne verlaufen Brücken, Verbindungsgänge und gläserne Räume. Innen beleuchtet man einen der wichtigsten Erwerbszweige Dänemarks aus vielen Blickwinkeln und mit modernsten Mitteln – ein Museum, das man gesehen haben muss!

Danmarks Tekniske Museum am Südrand von Helsingør zeigt zur Freude von Kindern viele Fahr- und Flugzeuge und würdigt den dänischen Luftfahrtpionier Jacob Ellehammer, der 1906 Europas ersten Motorflug schaffte und 1912 mit einem Ur-Helikopter abhob.

Infos

Helsingør Turistbureau: Havnepladsen 3, 3000 Helsingør, Tel. 49 21 13 33, www.visitnordsjaelland.dk
Schloss Kronborg: www.kronborg.dk, Ostern–Okt. tgl. 11–16, Juni–Aug. 10–17.30, sonst Di–So 11–16 Uhr, 90 DKK, 45 DKK/4–17 Jahre, Wälle frei.
M/S Museet for Søfart: Ny Kronborgvej 1, www.mfs.dk, Juli–Aug. tgl. 10–17, sonst Di–So 11–17 Uhr, 110 DKK
Danmarks Tekniske Museum: Fabriksvej 25, www.tekniskmuseum.dk, Bus: 802 ab Bahnhof Di–So 10–17 Uhr, Ferien auch Mo, 65 DKK.

Anreise mit Øresundstog

Ab Kopenhagen 3–6 x stdl., 45 Min.

Malmö und Lund ► Karte 3

Bis 6 x pro Stunde erreicht man von Kopenhagens Hauptbahnhof mit dem Øresundstog die urdänische, aber seit dem 17. Jh. schwedische **Provinz Skåne.** Dänemarks Hauptstadt und Schwedens drittgrößte Stadt **Malmö** konkurrieren nicht, sie ergänzen sich. Ein guter Wechselkurs und günstigere Steuern machen Schweden für Dänen zum Schnäppchenparadies, viele gehen dort sogar zum Zahnarzt. Für Besucher lohnen u. a. skandinavisches Design und hochwertige Outdoorausrüstung. Zudem sind Unterkünfte billiger als in Kopenhagen. Wichtigste Stadt in Skåne ist **Malmö** mit der von Kanälen umgebenen Altstadt Gamla Staden als historischem Kern. Sehenswert sind dort der imposante Rathausplatz Stortorget und der idyllische Lilla Torg mit der Markthalle sowie Schwedens bekanntestem **Form/Design Center** mit Ausstellungen und Verkauf. Das Museumszentrum im Wasserschloss Malmöhus zeigt Ausstellungen von Kunst bis Wissenschaft und die **Konsthall** ist ein international anerkanntes Museum für moderne Kunst. Das jüngste und spektakulärste Wahrzeichen von Malmö ist der **Turning Torso** im Viertel Västra Hamnen, mit 54 Stockwerken auf 190 m Skandinaviens höchster Wolkenkratzer.

Deutlich kleiner, aber historisch eine der bedeutendsten Städte Skandinaviens ist **Lund,** ab etwa 1100 erstes und lange wichtigstes Erzbistum in Nordeuropa und seit 1666 Universitätsstadt. Höhepunkte eines Altstadtbummels sind der romanische Dom, **Lunds Domkyrka,** aus dem 12. Jh. mit einer Krypta von 1123 und einer astronomischen Uhr, das volkskundliche Museum **Kulturen** mit über 30 ländlichen und kleinstädtischen Bauten aus sieben Jahrhunderten, **Skissernas Museum,** das Skizzenmuseum (wg. Renovierung und Erweiterung bis Herbst 2016 geschl.), das die Entstehung von Kunstwerken vom Entwurf bis zum fertigen Objekt dokumentiert, und die populäre **Saluhallen Lund,** eine Lifestyle-Markthalle, in der sich

Angeln auf dem Øresund

So ungewöhnlich es für eine Städtereise sein mag, aber Kopenhagens Lage am **Øresund,** einem äußerst populären Angelrevier, macht Angeltouren möglich. Hauptbeute ist Dorsch, der rund ums Jahr gefangen wird, aber auch Hering (beste Zeit Okt./Sept.), Makrele (Aug.–Okt.) sowie Flundern und Schollen (Mai–Sept.). Touren beinahe täglich z. B. mit Spar Shipping (www.sparshipping.dk) ab Lautrupskaj im Kalkbrænderihavnen (Bus 26), im Sommer auch Abendfahrten, ab 240 DKK, Angelverleih optional.

fast 20 Delikatessenstände und kleine Restaurants versammeln, die Leckereien von handgemachten Pralinen über Fischsuppe bis hin zum Ökohähnchen servieren.

Infos

Geld: 100 SEK = 80 DKK = 10,5 €

i-Büros: www.malmotown.com/de, www.visitlund.se/de

Genannte Attraktionen: www.formdesigncenter.com, www.konsthall.malmo.se, www.kulturen.com, www.adk.lu.se (Skissernas Museum), www.lundssaluhall.se

Anreise mit Øresundstog

3–6 x stdl. ab København bis Malmö 35 Min., bis Lund 46 Min.

Roskilde ▶ Karte 3

Roskilde – 35 km westlich von Kopenhagen gelegen – war im Mittelalter Dänemarks größte Stadt. Die Roskilde **Domkirke,** UNESCO-Welterbe, geht auf Kopenhagens Gründer Absalon im 12. Jh. zurück. Später wurden immer wieder Kapellen angebaut, um 19 Regenten und 17 ihrer Königinnen von Margrete I. (gest. 1412) bis zu Ingrid, die im November 2000 verstorbene Mutter der jetzigen Königin, zur letzten Ruhe zu betten. Im **Vikingeskibsmuseet** am Ufer des Roskilde Fjord stehen hinter Panoramafenstern mit Blick aufs Wasser fünf vom Grund des Fjords geborgene und weitestmöglich restaurierte Wikingerschiffe. Sie wurden um das Jahr 1000 als Sperre in der engen Fahrrinne, die zur Stadt führte, versenkt. Zum Museum gehört eine Werft, die mit zeittypischen Techniken Wikingerschiffe nachbaut, mit denen Besucher den Fjord durchsegeln können.

Das seit 1971 jedes Jahr stattfindende **Roskilde Festival** (s. S. 17), lässt die 50 000-Einwohner-Stadt alljährlich Ende Juni/Anfang Juli für eine Woche zur viertgrößten Stadt Dänemarks anwachsen, wenn weit über 100 000 Fans und Helfer zu einem der bekanntesten Rockfestivals der Welt kommen.

Infos

VisitRoskilde: Stændertorvet 1, 4000 Roskilde, Tel. 46 31 65 65, www.visitroskilde.de

Domkirke Domkirkepladsen 1, www.roskildedomkirke.dk, außer bei Gottesdiensten Mo–Sa 9/10–16/18, So 13–16/18 Uhr, Grabkapellen 60 DKK, Kirchenschiff frei.

Vikingeskibsmuseet: www.vikingeskibsmuseet.dk, Mitte Mai–Mitte Okt. tgl. 10–16 Uhr, 115 DKK, sonst 80 DKK, Bootstour extra!

Anreise mit Bahn

Ab Kopenhagen bis 9 x stdl., 25 Min.

Ven/Hven ▶ Karte 3

Über der nur 760 ha großen Insel mit nicht einmal 400 festen Einwohnern wehen seit 1658 schwedische Fahnen und doch ist sie so dänisch wie kaum ein anderer Flecken Schwedens, sogar die dänische Schreibweise Hven verdrängt immer mehr die schwedische Ven. Berühmt ist Hven durch den Astronomen Tycho Brahe, der als Denkmal, den Blick in den Himmel gerichtet, im rekonstruierten Renaissancegarten seiner längst verschwundenen Villa Uraniborg mitten auf Hven steht. Er leistete hier im 16. Jh. Grundlagenforschung für seine Zunft. Ein NASA-Manager brachte es bei einem Hven-Besuch auf den Punkt: »Hier ist das also, wo alles anfing!« Das **Tycho Brahe Museet** in einer alten Inselkirche würdigt sein astronomisches Werk sowie sein Wirken auf Hven und zeigt einige von Brahe erfundene Geräte. Zum Museum gehört das über ausgegrabenen Fundamenten rekonstruierte Observatorium Stjerneborg, in dem eine Multivisionsshow mit spärlichen Lichteffekten Brahes Leben in Szene setzt. Am besten erkundet man Hven mit einem der unzähligen Leihräder, die gleich oberhalb des Ankunftshafens Bäckviken auf Tagesbesucher warten. Radwege sind perfekt markiert, eine Karte gibt's dazu beim Fahrradverleiher oder auf den Fähren.

Infos

Geld: 100 SEK = 80 DKK = 10,5 €, www.visithven.dk
i-Büro im Tycho-Brahe-Museum (s. u.)
Fahrradverleih: Vens Cykeluthyrning, Tel. +46 41 87 22 50, www.venscykeluthyrning.se, ab 90 SEK/Tag, Kinderräder 60 SEK/Tag, E-Bikes 200 SEK/Tag
Tycho Brahe Museum: www.tychobrahe.com, Mai–Sept. tgl. 10–16/18 Uhr, 80 SEK ab 16 Jahren

Anreise

Hven Trafikken: Kvæsthusgade 6, 1251 Køb K, Tel. 31 31 91 03, www.hventrafikken.dk. Ab Kopenhagen (Havnegade 39, Mai–Sept. Überfahrt 90 Min., ca. 5 Std. auf Hven), Tagesausflugsticket ab 230 DKK, 160 DKK/4–12 Jahre, 2+2 Familie 690 DKK, mit Fahrrad 95 DKK.

Die Insel Ven lockt mit schöner Natur, perfekten Radwegen und ökologischen Schnäpsen

Zu Gast in Kopenhagen

Zu modernen Museumkonzepten in Dänemark gehören immer gastronomische Wohlfühlelemente. Auch Statens Museum for Kunst legt viel Wert auf sein Café-Restaurant mit Blick ins Grüne. Viele Kopenhagener kommen in der Mittagspause zu ihrem geradezu ›heiligen‹ Frokost hierher, essen eine Kleinigkeit, aber sehen vom Rest des Museums kaum etwas …

Übernachten

Viele Betten, flexible Preise

Kopenhagens Zimmerpreise sind hoch, der Staat liegt mit 25 % Mehrwertsteuer in jedem Bett. Da kostet ein Doppelzimmer schnell über 200 € pro Nacht. Aber um gut 30 000 Hotelbetten in Stadt und Umland zu füllen, senken selbst Top-Hotels ihre Preise auf das Niveau von Touristenhotels, wenn in der Stadt keine Messe, kein Kongress und auch sonst nicht viel los ist. An Wochenenden und in Ferienzeiten ist es in der Regel günstiger als an normalen Werktagen. Viele Hotels legen Onlinepreise der Nachfrage folgend tagesaktuell fest, so kann ein und dasselbe Zimmer an drei aufeinanderfolgenden Tagen drei Preise haben. Aber aufgepasst: Frühstück – ab ca. 60 DKK im Low-Budget-Bereich bis ca. 175 DKK in der Luxusklasse – kann im selben Hotel in einigen Onlinetarifen enthalten sein, in anderen nicht! Die hier genannten Preise dienen nur als Richtwerte.

Low-Budget-Übernachtung

Im unteren Preissegment wird viel am Personal gespart, weniger am Komfort: Da übernachtet man in guten Zimmern, begegnet aber keinem Hotelmitarbeiter – Check-in und Check-out erfolgen am Computerterminal. Jugendherbergen, in Dänemark ›DanHostel‹, sowie andere Backpackerhostels und ›Sleep Inns‹ bieten einzelne Betten im Mehrbettzimmer ab ca. 140 DKK, unterscheiden sich bei Einzel- und Doppelzimmern preislich aber kaum von einfachen Hotels. Privatzimmer mit Frühstück findet man ab ca. 450 DKK, in Luxus-Varianten aber auch für über 1000 DKK. In annehmbarer Entfernung zur Stadt liegen sieben Campingplätze außerdem in der Hochsaison ein Platz ausschließlich für Campervans (www.citycamp.dk).

Zimmer buchen

Copenhagen Visitor Service (s. S. 18) vermittelt nur ›analog‹ Restzimmer am Schalter. Über alle gängigen internationalen Buchungsportale findet man Hotel-, Hostel- oder Privatzimmer, ansonsten bieten Kopenhagener Häuser bzw. ihre Ketten Zimmer zu tagesaktuellen Preisen auf eigenen Websites. Weitere Portale:

www.danischehotels.de: Buchungsportal von VisitDenmark

www.arp-hansen.dk: Tel. 80 30 30 45. Größter lokaler Anbieter mit fast 3500 Betten in zwölf Hotels von coolgünstig bis romantisch-luxuriös.

www.bedandbreakfast.dk/www.net-bb.dk: Privatzimmer, auch Zentrum

www.malmotown.com: Tel. +46 40 34 12 00, Malmö Turism mit Hotel-Buchungsportal. Die halbierte Mehrwertsteuer für Hotels und niedrigere Preise machen Übernachtungen in Schweden in der Regel günstiger als in Kopenhagen und mit dem Øresundstog ist man in 35 Min. drüben (ca. 12,50 €/Erw, 20 €/Familie bis 5 Pers. pro Weg).

Günstig und nett

Campen hinter dicken Wällen – **Camping Charlottenlund Fort: ■ Karte 3,** Strandvejen 144, 2920 Charlottenlund, Tel. 39 62 36 88, www.campingcopenhagen.dk, Bus 1A: März–Okt. Kopenhagens schönster Campingplatz liegt geschützt zwischen Wällen und Gräben eines alten Forts am Øresund, mit edlem Restaurant auf dem Gelände und Strandpark vor der Tür.

Designerherberge mit Hotelniveau – **DanHostel Copenhagen City: ■ Karte 2, G 7,** H. C. Andersens Boulevard 50, 1553 Køb V, Tel. 33 18 83 32, www.danhostelcopenhagencity.dk, Bahnen/Busse: Hauptbahnhof, grüne Parkzone, 2–8-Bett-Zimmer (alle mit Dusche/WC), 570–1560 DKK, Bettwäsche-Paket +65 DKK/Pers., Frühstück +75 DKK/Pers. Mit 1020 Betten in knapp 200 Zimmern auf 15 Stockwerken setzt die Designerherberge weltweit Standards. Das ökologische Frühstücksbüfett kann mit den besten Hotels konkurrieren. Drei weitere DanHostels (alle www.danhostel.dk) mit kostenlosen Parkplätzen und guter ÖPNV-Anbindung ans Zentrum in der Peripherie, u. a. strandnah Danhostel Ishøj Strand (www.ishojhostel.dk) mit Campingareal im Süden.

Zimmer wie Schiffskabinen – **Hotel Cabinn City: ■ F 7,** Mitchellsgade 14, 1568 Køb V, Tel. 35 39 84 00, www.cabinn.com, Bahnen/Busse: Hauptbahnhof, Bus 5A ab/bis Flughafen: Polititorvet, grüne Parkzone oder Tiefgarage, ab 625 DKK, Frühstück 70 DKK/Pers., in Ferienzeiten Sonderangebote. Das zentralste der vier Kopenhagener Cabinn Hotels mit knapp 400 Zimmern liegt neben dem neoklassizistischen Polizeipräsidium und nur Schritte vom Tivoli entfernt. Funktionalität hat in allen Cabinn Hotels erste Priorität, die Zimmer für bis zu vier Personen erinnern an Schiffskabinen, aber eher an die auf einer Fähre als auf einem Kreuzfahrtschiff. **Hotel Cabinn Metro** in Ørestad (s. S. 59).

Ökologisch, exotisch – **Carlton Hotel Guldsmeden: ■ D 6,** Vesterbrogade 66, DK-1620 Køb V, Tel. 33 22 15 00, www.hotelguldsmeden.com, flexible Preise mal 900 DKK, mal 1500 DKK für dasselbe Zimmer + Frühstück 145 DKK, Hotel-Parkplätze 125 DKK/Tag, Busse: 6A, 26 vor der Tür, grüne/blaue Parkzone. Im pulsierenden Vesterbro liegt 900 m vom Tivoli das preiswerteste der Guldsmeden Hotels, die für üppige Bio-Frühstücksbüfetts und eine exotische Einrichtung bekannt sind.

Preiskonzept wie beim Billigflieger – **Zleep Hotel Centrum: ■ Karte 2, E 7,** Helgolandsgade 14, 1653 Køb. V, Tel. 70 23 56 35, www.zleephotels.com, Verkehrsknoten Hauptbahnhof 200 m, grüne Parkzone, je früher man bucht, desto billiger wird's: ca. 500–900 DKK + Frühstück 89 DKK. Neues Konzept in alten Mauern hinter dem Bahnhof, wo man überall den Wandel zum Szeneviertel spürt – die Cafés und Lokale vom Halmtorvet liegen um die Ecke (s. S. 79).

Zwei Sterne, zwei Häuser, viel Komfort – **Wakeup Copenhagen: ■ Karte 2, G 5,** Borgergade 9, 1300 Køb K, Tel. 44 80 00 90 und ■ **F 7,** Carsten Niebuhrs Gade 11, 1577 Køb V, Tel. 44 80 00 10. Beide: www.wakeupcopenhagen.dk. Hotels für die Internetgeneration (gratis Wifi, kein Zimmertelefon) mit funktionalen, cool designten Zimmern. Tagespreise ab 500 DKK, Tel.-Reservierungen +100 DKK, Frühstück online gebucht +70 DKK, sonst +80 DKK, drei Preisgruppen, je besser die Aussicht, desto teurer, ganz oben »Wakeup heaven«-Zimmer, Rezeption minimal und optional, Vorrang hat automatischer Check-in/-out.

Kleinod im Jugendstil – **Savoy Hotel:** ■ **E 6,** Vesterbrogade 34, 1620 Køb V, Tel. 33 26 75 00, www.savoyhotel.dk, Bahn/Busse: Hauptbahnhof, grüne Parkzone, flexible Preise DZ ca. ab 875 DKK. Zuerst fällt die Fassade des Savoy ins Auge: Kopenhagens Stararchitekt des frühen 20. Jh., Anton Rosen, hat hier nach dem Vorbild der Chicagoer Schule eine Courtain-Wall konstruiert, eine nichttragende Stahlskelettfassade mit Bronzeverkleidung. Die Zimmer liegen zu einem ruhigen Innenhof.

Unter Segeln nach Kopenhagen – **Svanemøllehavnen:** ■ **Karte 3,** Strandvænget 43, 2100 Østerbro, von See: 55° 43,0 Nord, 12° 35,4 Ost, Tel. 39 20 22 21, www.smhavn.dk, S-Bahn: Svanemøllen mit 5 Linien Richtung Zentrum ca. 500 m, Gastboote je nach Breite u. Länge 150–300 DKK/Tag. Rund 1100 Liegeplätze, Yachtclub-Restaurant des **Sejlklubben Frem** mit klassischer dänischer Küche (www.sejlklubbenfrem.dk) und dem einfachen, aber populären **Café Sundet** (www.cafesundet.dk).

Stilvoll wohnen

Luxus trifft Design – **Skt. Petri:** ■ **Karte 2, F 5,** Krystalgade 22, 1172 Køb K, Tel. 33 45 91 00, www.sktpetri.com, Zentrum, rote Parkzone, flexible Tagespreise, je nach Saison und Wochentag ca. 1250–2500 DKK für dasselbe Zimmer, Familienzimmer (max. 4 Pers.) ab ca. 2700 DKK. Modernes De-

Wer in originalem Jacobsen-Interieur nächtigen möchte, der checkt im Radisson Blu ein

sign prägt die knapp 270 Zimmer in einem Baudenkmal des Funktionalismus der 1920er-Jahre. Die besten Zimmer haben Dachterrassen. Dank der zentralen Lage im Latiner Quarter treffen sich in **The Bar** des Skt. Petri die Schönen und Reichen zum späten Cocktail und im **Brøl** – steht für Brød & Øl = Brot und Bier – die Hipster auf ein Designerbier zur angesagten ›Sauerteig-Pizza‹.

Im Latiner Kvarter – **Hotel SP34: ■ Karte 2, F 5,** Sankt Peders Stræde 34, 1453 Køb K, Tel. 33 13 30 00, Busse: Rådhuspladsen, rote Parkzone. 2014 runderneuertes Viersterne-Plus-Hotel in alter Häuserzeile mit originellem Design, Restaurants zu einer kleinen Nebenstraße hin, Outdoorterrasse in den Innenhöfen und Biofrühstück. Die Zimmer sind wahrlich nicht standardisiert, eher jedes etwas anders gestaltet, die besten haben romantische Dachterrassen mit Blick über die Altstadt. Listenpreise DZ ab 1695 DKK, online manchmal günstiger. Das SP34 ist Flaggschiff einer drei Hotels starken ›Kette‹ individueller Stadthotels über deren Website man Zimmer gezielt in einem der Häuser oder übergreifend in allen suchen kann: www.brochner-hotels.dk. Neben SP 34 gehören dazu u. a. das Funktionalismus-Kleinod **Astoria ■ E 6.**

Romantischer geht kaum – **71 Nyhavn Hotel: ■ H 5,** Nyhavn 71 DK-1051 Køb K, Tel. 33 43 62 00, www.71nyhavnhotel.dk, Havnebus/Busse: Nyhavn, grüne Parkzone, DZ inkl. Frühstück ab ca. 1200 DKK, realistischer um ca. 1600 DKK, auch Gourmet-, Familien-, Romantik- oder Opern-Wochenendpakete. Alte Balken prägen Lobby, Restaurant und Zimmer dieses Romantikhotels in einem Speicher aus dem frühen 19. Jh. direkt an Nyhavn (s. S. 46) und Schauspielhaus. Die Standardzimmer sind nicht die größten, aber kuschelig, mehr Platz und bessere Aussichten bieten die Suiten in den oberen Stockwerken.

Wohnen wie im Tivoli – **Tivoli Hotel ■ F 8,** s. S. 43

Designer-Hotel mit fünf Sternen – **Radisson Blu Royal Hotel: ■ Karte 2, E 6,** Hammerichsgade 1, 1611 Køb V, Tel. 33 42 60 00, www.radissonblu.com/royalhotel-copenhagen, Bahnen/Busse: Hauptbahnhof, grüne Parkzone, flexible Preise mit Standardzimmern inkl. Frühstück je nach Wochentag ab 1800 DKK, Onlineschnäppchen günstiger, aber aufgepasst: Nicht alle Onlinetarife sind inkl. Frühstück! Das Designgenie Arne Jacobsen (1902–71) entwarf 1960 das 20-stöckige Hochhaus, das als ein Hauptwerk des Modernismus unter Denkmalschutz steht – nicht einmal der Originalname ›SAS Royal Hotel‹ an der Fassade darf trotz zwischenzeitlicher Namensänderung angetastet werden –, und lieferte die Einrichtung vom Besteck bis zu den Möbeln mit. Trotz Renovierungen erkennt man seine Handschrift in vielen Details wie an den zeitlosen Sesseln und Stühlen. Ein Muss für Designfans ist Zimmer 606, das einzige, das unverändert nach Jacobsens Plänen eingerichtet ist, mit Ausnahme des Fernsehers. Im Gourmetrestaurant Alberto K. (www.alberto-k.dk) im 20. Stock sitzt man auf Jacobsen-Stühlen und isst mit jenem futuristischen Besteck, das in ›2001-Odyssee im Weltraum‹ zur Requisite gehörte. Bonus ist die Aussicht: Kopenhagen und das Tivoli zu Füßen, der Øresund mit Brücke und schwedischer Küste am Horizont und Feuerwerke im Tivoli auf Augenhöhe. Leider ist das Restaurant zum Frühstück für Gäste der teureren Zimmer und Suiten reserviert.

Essen und Trinken

Was sind schon Namen?

Der Tag in Kopenhagen sollte mit dem *morgenmad* (Morgenmahl) beginnen, nicht mit dem *frokost* (Frühstück), wie die Dänen ihr vermeintlich kleines, aber oft recht üppiges und ihnen geradezu heiliges Mittagessen nennen. Konsequent rutscht das *middag* (Mittagessen) als opulentes Dinner auf den Abend. *Aftensmad* (Abendmahl) bezeichnet ein einfaches, kaltes Abendessen, z. B. in der Familie. Und erwarten Sie in Cafés nicht nur Kaffee und Kuchen: Einige sind Bistro-Bars mit guter Küche und viel Bier am Abend, andere raue Brennpunktkneipen.

Frokost mit Smørrebrød

Dänemarks Beitrag zur Küche der Welt ist das *smørrebrød*: Auf einer Scheibe Brot wird ein kulinarischer Aufbau in Szene gesetzt – ein, zwei oder drei Lagen Aufschnitt, viel Grünzeug, ein Gürkchen hier, dort etwas Remoulade oder *sky*, wie die Dänen ihren Zieraspik nennen. Leberpastete mit gebratenem Speck ist eine rustikale Variante, Roastbeef mit Röstzwiebeln und frisch geriebenem Meerrettich gehört zur Mittelklasse und *dyrlægens natmad* ist ein Klassiker – das Brot ganz unten hält die Aufbauten bis zum ersten Gabelstich zusammen.

Smørrebrød isst man zum Frokost. Smørrebrød-Shops verkaufen die Brote in Pappschachteln, sonst sind sie Spezialität in Frokost-Restaurants, die meist nur werktags zum Mittag öffnen. Üblicherweise bestellt man durch Ankreuzen auf einem *smørrebrødseddel* – als Rekord ist einer mit 178 Varianten auf 140 cm registriert. Für den kleinen Hunger genügt ein Smørrebrød, als Mahlzeit bestellt man drei. Typisch zum Frokost sind auch *frokostanretninger* oder *-platter* mit *kolde og lune retter*, kalte und lauwarme Speisen von Schweinefilet über Leberpastete bis zu Krabben und *jomfruhummer,* Kaisergarnelen.

Trends in den Töpfen

Die moderne dänische Spitzengastronomie begann mit der *dansk-fransk køkken,* die beste heimische Rohwaren mit französischem Know-how veredelt. Mediterrane Einflüsse folgten, dann fand Sushi viele Freunde und zuletzt in Gastropubs sogar die gehobene britische Küche mit Pies und Filet Wellington. Auch international wahrgenommen wurde die modern interpretierte Wiedergeburt der nordischen Küche auf der Basis ausgezeichneter Frischwaren aus der Region, sowohl aus Anbau wie aus freier Natur: Ökofleisch, Wild, Fisch, Schalentiere, Wildkräuter und die Vielfalt bei den Beeren. Und Kartoffeln kamen zu neuen Ehren, vor allem Frühkartoffeln aus dänischen Sandböden.

Und man kocht mit stolz geschwellter Brust in Kopenhagen: 2015 strahlen über 15 Restaurants der Stadt 18 Michelin-Sterne (s. S. 10). Zehn weitere Lokale ergatterten einen Bib Gourmand für kulinarische Qualität zu moderaten Preisen. Und im wichtigsten Restaurant-Ranking www.theworlds50best.com unterstreichen das NOMA (s. S. 92) auf Platz 3 und das bodenständigere Relæ (s. S. 54) auf Platz 45 Kopenhagens Führungsrolle als Gourmetmetropole des Nordens vor Stockholm (12 Sterne für neun Lokale, acht Bib Gourmand), Helsinki (5/5/5) und Oslo (5/4/2).

Ganz oben, ganz unten

Speisekarten in der gehobenen Gastronomie sind knapp, oft gibt's nur ein Menü, aus dem man sich ein paar Gänge aussucht – ab etwa 400 DKK für drei ist man in der oberen Preisklasse, die Michelin-Stern-Restaurants liegen noch darüber. Als das Geld mit der Finanzkrise knapp wurde und mehrere Sterne-Restaurants das Küchenhandtuch werfen mussten, begannen einige Spitzenköche modern, aber bodenständig und mit weniger Schnickschnack zu kochen – das ist mit rund 200 DKK für ein Hauptgericht und etwa 300 DKK für ein Menü bezahlbarer. Auf der Sättigungsleiter ganz unten locken Billig-Büfetts mittags ab ca. 50, abends ab ca. 80 DKK in Restaurants unter multikulturellen Flaggen ›ad libitum‹ zur Flatrate ans Büfett – Kulinarisches darf man da nicht erwarten.

Man bekommt natürlich überall in der Stadt etwas zu essen, doch an einigen gastronomischen Hotspots liegen die Restaurants praktisch Tür an Tür, allen voran am nostalgischen Nyhavn (▶ H 5), aber auch um den idyllischen Gråbrødretorv (▶ F 5), in der coolen Kødbyen, den alten Schlachthöfen am Halmtorvet (▶ E 7) oder in den Brückenvierteln wie in Nørrebro am Skt. Hans Torv (▶ E 3) und in der aufstrebenden Jægersborggade (▶ C 3).

Cafés, Konditoreien, Bistros

Ganz klein – **Kafferiet: ▪ H 4,** Esplanaden 44, 1263 Køb K, Tel. 33 93 93 04, www.kafferiet.net, Havnebus: Nordre Toldbod, Mo–Fr 7.30–18, Sa, So 10–18 Uhr. Kaffeespezialitäten um 30 DKK. Kopenhagens Kaffee-Maniac Rud gründete dieses Mini-Café, die Bohnen kommen aus exklusiver ›Doppelröstung‹. Alle Kaffeespezialitäten sowie Kuchen und Cookies gibt's *to go*. Sitzplätze sind jedoch rar.

Kuchen vom Feinsten – **Konditori LaGlace: ▪ Karte 2, F 5,** s. S. 31.

Kaffee, Kuchen, Bücher – **Paludan Bogcafé: ▪ Karte 2, F 5,** Fiolstræde 10–12, 1171 Køb K., Tel. 33 15 06 75, www.paludan-cafe.dk, Zentrum, Mo–Fr 9–22, Sa 10–22, So 10–20 Uhr, neben Kaffee und Kuchen gibt es Frühstück, Frokost und Sandwiches (ab ca. 50 DKK). Mit einer Kaffeeecke im Antiquariat Paludan fing es an, inzwischen glaubt man sich eher in einem Café mit Bücherdeko – Bücher werden aber noch verkauft, gut 20 000 Titel sind auf Lager.

Smushi auf Edelporzellan – **Royal Smushi Café: ▪ Karte 2, G 5,** s. S. 31.

Mutter aller Kopenhagener Bistros – **Café Sommersko: ▪ Karte 2, G 5,** Kronprinsensgade 6, 1306 Køb K, Tel. 33 14 81 89, www.sommersko.dk, So–Mi/Do/Fr/Sa 8–24/1/3/2 Uhr, Küche tgl. bis 22 Uhr, HG 150–285 DKK, Frühstück, Brunch, Lunch und Kleinigkeiten tgl. bis 17.30 Uhr, ca. 60–250 DKK; Fr ab 21 Uhr Livemusik. Die roten Ledersofas im Café haben alle Umbauten und Neuerungen überstanden, seit das

Copenhagen Food Tours

Der Startpunkt an den neuen **Markthallen** (s. S. 101) ist perfekt für die kulinarische Tour durch Kopenhagen. Schon am ersten Stand großes Staunen: Dänen können Käse! Lakritz, Kekse und ein Aufgesetzter aus Bornholm folgen – die Insel wird immer mehr zum Gourmet-Lieferanten für die Hauptstadt. Im Botanischen Garten zaubert der Guide dann einen dänischen Dessertwein aus der Tasche, im Land wächst Wein kommerziell! Aber das ehrwürdige Palmenhaus, vor dem wir sitzen, sei mit Geld eines Bierbrauers entstanden – so füllen Proben und Geschichten rund um Essen und Trinken vier kurzweilige Stunden, die der Spaziergang mit allen Stopps dauert. Satt wird man auch, gibt's doch noch Smørrebrød von Aamanns (s. S. 97), Bier im Nørrebro Bryghhus (s. S. 108) und einen Bio-Hotdog vom Ökologiske Pølsemand (s. S. 94), ehe die Tour wieder an den Markthallen endet mit einem Edel-Schokokuss von Summerbird, Kopenhagens Trend Chokolaterie. Details: www.cphfoodtours.dk, Buchung auch im i-Büro (s. S. 18) oder Tel. 50 12 36 45, tgl. außer So ca. 10–14 Uhr, max. 12 Pers., 700 DKK.

Sommersko im Juni 1976 als Trendsetter für den französisch inspirierten Bistro-Stil die Türe öffnete. Vom Morgen an gibt's zu besten Kaffee-Spezialitäten Kuchen, Cookies und Sandwiches, abends bis zur späten Stunde Bier und Cocktails.

Für den kleinen schwulen Hunger – **Oscar Bar & Café: ■ Karte 2, F 6,** Rådhuspladsen 77, 1550 Køb K, Tel. 33 12 09 99, www.oscarbarcafe.dk, Zentrum, So–Do 11–23, Fr, Sa 11–2, ab 22 Uhr mit DJ, Küche bis 21.30 Uhr. Gay-Treff mit kleiner Küche wie Sandwiches und Burger (um 100 DKK).

Gourmetlokale

Fleischstadt kann auch Fisch und vegan – **Kødbyens Fiskebar: ■ E 7,** Flæsketorvet 100, 1711 Køb V, Tel. 32 15 56 56, www.fiskebaren.dk, Busse/S-Bahn: Dyppelsbro, Mo–Do/Fr 17.30–24/2, Sa/So 11.30–2/24 Uhr, Küche immer bis 23 Uhr. Von Fish & Chips bis Austern und Hummer gibt's mitten in den Schlachthöfen alles, was die nördlichen Meere bieten (HG ab ca. 110 DKK) – unbedingt reservieren! Wenn alles voll ist, gibt's noch Nachbarn: **Nose2Tail ■,** Flæsketorvet 13A, www.nose2tail.dk. Die ›Madbodega‹ mit leicht zu übersehendem Kellereingang tischt in einer ehemaligen Leberpasteten-Fabrik modern interpretierte Hausmannskost auf: Fisch des Tages, Tier des Tages, Innereien des Tages (HG ab 200 DKK). Etwas edler und ein bisschen teurer ist ein paar Schritte entfernt die Dependance **Nose2Tail Meat & Seafood ■,** Kødboderne 7–9, beide Tel. 33 93 50 45. Außerdem: **BioMio ■,** Halmtorvet 19, www.biomio.dk, Tel. 33 31 20 00, wirkt auf den ersten Blick wie eine Kantine, kocht aber originell und ausschließlich mit lokalen Bio-Rohwaren oder – bei Fisch – aus zertifiziertem Fang und hat viel Platz an langen Tischen. HG ab ca. 175 DKK, auch vegetarisch und vegan.

Immer für Überraschungen gut – **NOMA: ■ H 5,** Strandgade 93, 1401 Køb K, Tel. 32 96 32 97, www.noma.dk, Bus 9A: Bodenhoffs Plads und 500 m zu Fuß, Di–Sa 12–16 u. 19–0.30 Uhr, Reservierung ca. drei Monate vorab möglich und sinnvoll. Preise? Nicht drüber reden! Seit 2007 mit zwei Michelin-Sternen geadelt und viermal bestes Restaurant der Welt: NOMA ist ein Hype in der kulinarischen Welt. Der exzentrische Chef René Redzepi ist Kochguru des NOrdisk MAd, der Nordischen Küche. Er machte Porree, Radieschen, Rote Beete und Pilze aus Nordseeland gourmetfähig und sucht ständig neue Genüsse im Lokalen, um sie avantgardistisch zuzubereiten. Redzepis Küche begeistert und polarisiert. Man muss ihm schon vertrauen, wenn eine Suppe wie öliges Brackwasser aussieht oder Ameisen gewollt über die Blaubeeren krabbeln. Jüngst verkündete er – standesgemäß via »New York Times« –, Ende 2016 das alte NoMa zu schließen und im folgenden Jahr als ›Urban Farm‹ am Rande von Christiania neu zu erfinden (■ K 4, Refshalvej, 1439 Køb K). Ob man dann sein Essen erst selbst ernten und schlachten muss?

Geerdete Sterneküche – **Relæ: ■ C 3,** s. S. 54

Die sind schon dort! – **Restaurant 56°: ■ K 4,** Krudtloebsvej 8, 1439 Køb K, Tel. 31 16 32 05, www.restaurant56grader.dk, Bus: Linie 40: Lynetten und 400 m zu Fuß, Di–Sa 12–23/24 Uhr (keine warme Küche zwischen 15 und 17 Uhr). Wenn das NOMA (s. S. 92) in den äußersten Winkel von Christianshavn zieht, trifft es auf Nachbarn, die längst die nordische Küche pflegen. Rustikal ist das Interieur des 56°, ebenso die Umgebung auf der Charlotte Amalies Bastion, Teil der alten Befestigungsanlagen im Osten Kopenhagens. Großes Frokost ab 220 DKK, abends kleine Menüs ab 350 DKK, große Menüs mit Weinen ab 900 DKK. So ab 13 Uhr Koch-Event mit Experimenten und Überraschungen (›Eintritt‹ 275 DKK).

Grüße von der Gourmetinsel – **Restaurant Koefoed: ■ Karte 2, G 5,** Landgreven 3, 1301 Køb K, Tel. 56 48

Design auf dem Teller: Gourmetküche in Kopenhagen

Pølser für alle

Mobile **Würstchenbuden** stehen an Brennpunkten des Lebens, wo genug los ist sogar die ganze Nacht. Der des Dänischen Unkundige setzt gerade an zu »En pølse og en brød meg begge dele!«, da liegt das Würstchen mit angetoastetem Brötchen und je einem Ketchup- und Senfklecks schon vor ihm (ab ca. 25 DKK). Alle Würstchenkreationen hängen als Bilder aus, darauf zeigen reicht. **Den Økologiske Pølsemand ■ Karte 2, F/G 5,** neben dem Rundetårn (s. S. 78) hat leckerste Biowürstchen auf dem Grill, manchmal sogar mit Lamm- oder Ziegenfleisch. Bei ihm kosten die Würstchen etwas mehr, aber das lohnt!

22 24, www.restaurant-koefoed.dk, Busse/Metro: Kongens Nytorv, Di–Sa 12–15 u. 17.30–22 Uhr. Moderne Smørrebrød- und Frokost-Klassiker ab ca. 100 DKK/Stück, abends würde ich immer das Fischmenü wählen (600 DKK), sonst HG ab ca. 200 DKK. Hier wird die ›regionale Esskultur‹ der Ferieninsel Bornholm, die in ganz Dänemark für hochwertigen Agrarprodukte sowie geräucherten und marinierten Fisch berühmt ist, nach Kopenhagen importiert. Und man bekommt natürlich auch Bornholmer Bier, nur der Wein kommt, obwohl es ein Weingut auf der Insel gibt, aus anderen Teilen der Welt.

Die Stadt verschwindet – **Restaurant Orangeriet: ■ Karte 2, G 4,** Kronprinsessegade 13, 1306 København K, Tel. 33 11 13 07, www.restaurant-orangeriet.dk, Busse: Kronprinzessegade, Di–Sa Frokost ab 11.30, abends ab 18 Uhr, So nur Smørrebrød und Kuchen 12–16 Uhr, u. a. edel Smørrebrød um 75 DKK/Stück, abends HG um 220 DKK, Menüs ab 375 DKK. Ein strahlend heller Raum fast ganz in Weiß sorgt für die Atmosphäre eines Ausflugslokals und dazu passt das Grün vor den Fenstern, denn man sieht fast nichts von der Stadt, nur sehr viel vom Kongens Have. Bei schönem Wetter kann man natürlich auch draußen sitzen.

Gut und günstig

Küche warmer Länder – **Atlas Bar: ■ Karte 2, F 5,** Larsbjørnsstræde 18, 1454 Køb K, Tel. 33 15 03 52, www.atlasbar.dk, Zentrum, Mo–Sa 12–24, Küche bis 22 Uhr (HG Frokost ab 135 DKK, abends 160–210 DKK). Die Küche definiert sich oft neu, immer exotisch und mit vielen vegetarischen Gerichten. Mal dominiert Thaiküche, mal steht Lamm pakistanisch oder Huhn philippinisch an der großen Tafel neben der Theke. Publikumshit sind Fischfrikadellen – die gibt's nirgendwo in Kopenhagen besser.

Kinderfreundlichkeit ist Konzept – **Jensen's Bøfhus: ■ Karte 2, F 5,** Gråbrødretorv 15, 1154 Køb K, Tel. 33 32 78 00 plus fünf weitere: www.jensens.com, Zentrum, So–Do/Fr, Sa 11–22/23 Uhr, HG mittags ab 60, abends ab 120 DKK, die teuersten Steaks um 280 DKK, Kindermenüs ab 50 DKK. Nicht kulinarisch, aber deftig, preiswert und familienfreundlich; Beilagen stellt man sich am Salatbüfett zusammen. Kinder lieben das Softeis-Büfett mit Streuseln und süßen Soßen (30 DKK!).

Bretonische Crêpes – **La Galette: ■ Karte 2, F 5,** Larsbjørnsstræde 9,

1454 Køb K, Tel. 33 32 37 90, Zentrum, Mo–Sa 12–22, So 16–22 Uhr, Küche bis 21 Uhr, je Pfannkuchen ca. 60–125 DKK. Eine Obelix-Figur weist den Weg in den Hinterhof, in dem sich die kleine ›Crêperie Bretonne‹ versteckt, in der dünne Buchweizen-Pfannkuchen die Spezialität des Hauses sind – es gibt auch vegetarische Varianten.

Szene und Ambiente

Buden in der Halle – **Copenhagen Street Food: ▪ J 5,** Papirøen, Trangravsvej 14, 1436 Køb K, www.copenhagenstreetfood.dk, Boot: Hop-on-Hop-off-Tours, Bus 6A: Bodenhoffs Plads ca. 650 m zu Fuß, Ostern–Woche 42 Mo–Sa 11–22, So –20 Uhr, Winter Do–So 12–21/22 Uhr. Multikulti-Imbissstuben und Straßenküchen in einer großen Halle, auch Bars und Cafés – da findet jeder etwas und das preiswert. Picknicktische und Liegen stehen am Wasser mit Blick über den Hafen aufs Zentrum! Die flippige Alternative zum Nyhavn!

Franchise-Klassiker – **Hard Rock Café: ▪ Karte 2, E 6,** Rådhuspladsen 45–47, 1550 Køb K, Tel. 33 12 43 33, tgl. min. 10–24, Do bis 1, Fr, Sa bis 2 Uhr, ›Burger‹ ab ca. 150 DKK. Überall dasselbe: Rock-Memorabilien an den Wänden, Burger auf dem Tisch und ein Merchandising-Shop.

Einzig, aber nicht artig – **Spiseloppen: ▪ J 6,** s. S. 51.

Sie machten Sushi populär – **Sticks 'n' Sushi: ▪ Karte 2, E 4,** Nansensgade 59, 1366 Køb K, Tel. 33 11 14 07, plus acht weitere Filialen: www.sushi.dk, Busse: Søtorvet, Kernzeit tgl. 10–22.30, Küche bis 22 Uhr. Erst Trend, dann Kult, inzwischen bei den *locals* fest verwurzelte Kette: japanische Küche gehobener Qualität für jeden Geldbeutel.

Und waschen kann man auch – **The Laundromat Cafe: ▪ E 3,** Elemegade 15, 2200 Køb N, Tel. 35 35 26 72, www.thelaundromatcafe.com, Busse: Elmegade/Nørrebrogade, Mo–Fr/Sa, So 8/9–23 Uhr, Frühstück ca. 90 DKK, Sa, So Brunch bis 16 Uhr ca. 140 DKK, abends HG ca. 105–165 DKK. New York Times, Time Magazine und das Nordis Magazin berichteten über das Café, in dem man nebenbei seine Wäsche waschen und Bücher lesen oder kaufen kann. Die Kaffees sind exzellent, auf der Speisekarte Sandwiches, Gourmetburger und Salate.

Typisch Kopenhagen

Bürgerliche ›Hygge‹ – **Det lille Apotek: ▪ Karte 2, F 5,** St. Kannikestræde 15, 1169 Køb K, Tel. 33 12 56 06,

Bei Dänen zu Tisch

Was es zu essen gibt, sieht man erst, wenn es auf dem Tisch steht, denn Familie Nielsen oder Jensen hat keine Speisekarte. Sie kochen aber dänisch. Www.meetthedanes.dk vermittelt **Besuche bei Dänen zum Mittag- oder Abendessen** (inkl. Getränk ca. 450 DKK). Damit gemeinsame Interessen und Sprachkenntnisse zusammenkommen, sollte man frühzeitig buchen. Www.meetgaycopenhagen.dk organisiert Dinner bei **schwulen oder lesbischen Gastgebern** (520 DKK).

Die Smørrebrød von Ida Davidsen sind berühmt wie die Promis, nach denen sie benannt sind

www.detlilleapotek.dk, Zentrum, tgl. 11.30–24, Küche bis 22 Uhr, Frokost-Platten und abends HG ca. 140–270 DKK. Seit 1720 wird hier serviert, so lange wie in keinem anderen Lokal der Stadt, und die Küche agiert dem angemessen bürgerlich und etwas altmodisch. Beim Stone Beef grillt man sich sein Steak auf einem heißen Granitstein selbst.

Urdänische Frokost – **Pilekælderen: ■ Karte 2, G 5,** Pilestræde 48, 1112 Køb K, Tel. 33 33 00 26, www.pilekaelderen.dk, Zentrum, Mo–Sa 11.30–17 Uhr. Dänischer geht Frokost nicht: Hering, Hühnersalat, Leberpastete, rohes Tatar und alles frisch vor Ort zubereitet – *hjemmelavet,* also hausgemacht, ab ca. 70 DKK, auch vegetarische Varianten.

Heringsbüfett am Nyhavn – **Nyhavns Færgekro: ■ Karte 2, H 5,** Nyhavn 5, 1051 Køb K, Tel. 33 15 15 88, www.nyhavnsfaergekro.dk, Zentrum, tgl. 9–24, Frokost ab 11.30 (Smørrebrød ab 70 DKK; Heringsbüfett 125 DKK), Abendküche ab 17 Uhr (ca. 175–235 DKK). Typisches Nyhavn-Restaurant mit einem an dieser Kneipenzeile eher seltenen guten Preis-Leistungs-Verhältnis. Das Heringsbüfett ist mittags eine gute Wahl – genial der gebratene *Stegte sild.* Zum Runterspülen gibt's Kräuterschnaps, der am Tisch aus neutralem ›Öko‹-Klaren und Kräuterbrand gemixt wird.

Die Institution am Gråbrødretorv – **Peder Oxe: ■ Karte 2, F 5,** Gråbrødretorv 11, 1154 Køb K, Tel. 33 11 00 77, www.pederoxe.dk, Zentrum, tgl. 10–23.30/24 Uhr, Küche bis 22.30/23

Uhr, HG 140–235 DKK. Das Restaurant am Gåbrødretorv ist eine Institution. ›Fisch und Fleisch nach Marktlage‹ heißt das Konzept. Zu allen Hauptgerichten kann man optional vom Salatbüfett nehmen (Aufpreis 55 DKK) – diese Art, Beilagen zu servieren, soll hier erfunden worden sein. Klassiker ist der *okseburger*, ein Rinderhacksteak mit Backkartoffel. Mittags sind die Smørrebrød zu empfehlen, drei für 150 DKK.

Smørrebrød

Smørrebrød modern – **Aamanns Deli & Take Away/Etablissement: ■ F 3,** Øster Farimagsgade 10/12, 2100 Køb Ø, Tel. 35 55 33 44/35 55 33 10, www.aamanns.dk, Busse: Søltorvet. Im Take-away (Mo–Sa/So 11/12–16 Uhr, wenige Sitzplätze auch abends Mo–Fr 17–20 Uhr!) Smørrebrød ab 60 DKK. Nebenan im Etablissement (Kernzeiten Di–So 12–16, Mi–Sa 18.30–23 Uhr, aktuelle Zeiten auf der Buchungsmaske www.aamanns.dk/book-bord.html – auch engl.) pro kleinem Gericht ca. 100–130 DKK, 2–3 machen satt. Aamanns steht für die Renaissance des Smørrebrød und anderer Klassiker in der modernen nordischen Küche: Nur frische Rohwaren nach Jahreszeit und alles hausgemacht – besser geht's nicht. Unbedingt die Herings-Varianten probieren! Neugierig geworden? Nehmen Sie das Menü quer durch die Karte mit etwas von allem (Frokost ca. 300 DKK, abends 450 DKK).

Frauen dürfen jetzt allein rein – **Husmanns Vinstue: ■ Karte 2, F 5,** Larsbjørnsstræde 2, 1454 Køb K, Tel. 33 11 58 86, www.husmannsvinstue.dk, Zentrum, Mo–Fr 11.30–18, Sa 12–17 Uhr, Küche bis 16 Uhr, Smørrebrød ab ca. 70 DKK. Klassisches Kellerlokal seit 1888 mit exzellenten Smørrebrød: Der geschmorte Räucheraal mit Rührei ist Spezialität. Frauen dürfen hier erst seit 1953 hinein, anfangs nur in Begleitung erwachsener Männer, seit 1981 auch allein. In der Vorweihnachtszeit zum Julefrokost ›weltberühmt‹ in Dänemark, aber fast immer ausgebucht.

Smørrebrød old-fashioned – **Ida Davidsen: ■ Karte 2, H 4,** Store Kongensgade 70, 1264 Køb K, Tel. 33 91 36 55, www.idadavidsen.dk, Busse: Fredericiagade, nur Mo–Fr 10.30–17 Uhr, Küche bis 16 Uhr, Juli Sommerpause, Smørrebrød ca. 75–165 DKK. Oskar Davidsen machte Ende des 19. Jh. das Smørrebrød berühmt, inzwischen führt die fünfte Generation das Lokal – eine Legende, die man sich honorieren lässt.

Inoffizielle Parlamentskantine – **Slotskælderen Hos Gitte Kik: ■ Karte 2, G 5,** s. S. 45.

Vegetarisch

Rein vegetarische Restaurants sind selten, die meisten anderen haben vegetarische Gerichte, einige mit großer Auswahl wie **Atlas Bar** (s. S. 94) oder **Spiseløppen** (s. S. 51).

Christiania pur – **Morgenstedet: ■ J 6,** Fabriksområdet 134, 1440 Køb K (Christiania, S. 49), www.morgenstedet.dk, Bus 9A: Bodenhoffs Plads 250 m, Di–So 12–21 Uhr, HG ab 80 DKK. Hippie-Charme und vegetarische Kost – Salate, Suppen, Eintöpfe – alles ökologisch und trotzdem günstig. Warum das Mini-Restaurant bei einer Öffnungszeit von 12–21 Uhr übersetzt ›Morgenstätte‹ heißt, ist wohl nur mit Christiania-Logik zu erklären.

Einkaufen

Mode

Die Fußgängerzonen Strøget (s. S. 28) und Købmagergade sind die Schlagadern des Konsums und am Amagertorv, an dem die beiden aufeinandertreffen, pocht sein Herz. Von dort bis zum Kongens Nytorv reihen sich an der Østergade (s. S. 30) und in ihren Seitengassen die Brandshops internationaler Modemarken und bekannter dänischer Designer.

Bekannte Modegassen sind auch Kronprinsensgade (s. S. 103) und Grønnegade zwei, drei Blocks westlich von Strøget. Dass sich Mode auch abseits des Zentrums verkauft, zeigen Elmegade (s. S. 101) in Nørrebro oder Istedgade (s. S. 102) in Vesterbro.

Gebrauchtes

Wie überall ist auch in Kopenhagen Secondhand-Schick äußerst populär: Ob Braut- oder Modellkleider, Designerschuhe oder Abgedrehtes der aktuellsten Retrowelle, einschlägige Läden gibt es in allen Stadtteilen.

Überhaupt sind Altes und Gebrauchtes ein Renner und im sonst so hochpreisigen Dänemark nicht einmal teuer. Die Flohmärkte und die Antiquitätenstraße Ravnsborggade (s. S. 99) sind Fundgruben für alles von Kitsch bis Kunst. Daneben liefern angesagte Secondhand-Plattenläden und zahlreiche Antiquariate – vor allem im Latinerkvarteret (s. S. 36) – Sammlerobjekte und Kuriositäten.

Essen und Trinken

Marinierte oder eingelegte Heringe, Krabben, grobe Leberpastete, Käsespezialitäten, Jogurt im Literpack und kräftig gebrannten Kaffee nahmen schon Generationen von Dänemarkurlaubern mit nach Hause.

Seit Dänemark 2003 die Alkoholsteuer senkte, um den Grenzhandel mit Deutschland ›auszutrocknen‹, lohnt allen Klischees zum Trotz sogar der Kauf hochwertiger Spirituosen wie edler Akvavite, die man südlich der Grenze selten zu Gesicht bekommt. Vielleicht entdeckt man auch seinen Lieblingswhisky, für den man sonst nach Schottland fahren müsste, denn beim Lebenssaft der Kiltträger ist Kopenhagen bestens sortiert. Eine Rarität in guten Spirituosenläden sind die ökologischen Whiskys und Schnäpse – darunter ein im Eichenfass gelagerter Akvavit –, die nur 25 km vom Kopenhagener Zentrum entfernt mitten im Øresund auf der schwedischen Insel Hven (s. S. 83) gebrannt werden.

Mehrwertsteuer

Die dänische Mehrwertsteuer liegt übrigens bei 25 %. Lebt man außerhalb der EU-Grenzen, kann man sie von den Geschäften, in denen man etwas gekauft hat, später erstattet bekommen. In der Praxis wird das meist über eine ›Tax free‹-Organisation abgewickelt. Gute Läden halten Informationen dazu bereit.

Antiquitäten, Antiquariate und Flohmärkte

Edler Trödel – **Antik Marked: ■ Karte 2, G 6,** s. S. 34.

Für Bibliophile – **Bogudsalg i Helligåndshuset: ■ Karte 2, G 5,** Niels Hemmingsens Gade 5, 1153 Køb K, www.forum-antikvariat.dk. Das ehemalige Kloster Helligåndshuset, eines der besterhaltenen Mittelalterbauten der Stadt, präsentiert neben Kunstausstellungen mehrmals im Jahr Antiquariatsmessen, bei denen Zehntausende Bücher verkauft werden.

Trödelstraße – **Ravnsborggade: ■ E 3–4,** Ravnsborggade, 2200 Køb N, www.ravnsborggade.dk (Übersicht aller Läden). Noch dominieren Trödel- und Antiquitätenläden, für die die Straße berühmt ist, aber es mischen sich zunehmend Modeläden, Galerien und viel Gastronomie dazwischen – attraktiver wird es allemal. Bei den Antiquitätenhändlern gibt's Kitsch, Möbelklassiker, Klunker, edles Biedermeier, Silber, Kristall und genau die Tasse vom Königlich Kopenhagener Porzellan, die Sie beim letzten Besuch bei Ihrer Schwiegermutter fallen ließen. Oh Schreck aber: Es gibt so viele Varianten, hätten Sie bloß ein Referenzstück dabei!

Da geht ein Licht auf – **Hot Kotyr: ■ D 3,** Nørrebrogade 76, 2200 Køb N, Tel. 35 39 02 74, www.hotkotyr.dk, Mo–Fr 11–18, Sa 10–14 Uhr. Ein Laden voller gebrauchter Steh- und Deckenlampen ist in Dänemark einen Blick wert, weil das kleine Land so große Lichtdesigner hervorgebracht hat wie Poul Henningsen mit seinen genialen PH Lampen, von denen die erste 1926 ihr charakteristisches, blendfreies Licht verbreitete und die mit modernen Materialien wenig verändert bis heute produziert werden. Im Hot Kotyr – sprich: Haute Couture – sind immer einige vorrätig.

Kopenhagens längster Flohmarkt – **Nørrebros Handelsforenings Loppemarked: ■ D 3,** Nørrebrogade ent-

Im Exkloster Helligåndshuset gibt es oft Messen mit tausenden antiquarischer Bücher

lang der Friedhofsmauer des Assistens Kirkegård (s. S. 53), April–Okt., Sa 8–14 Uhr. Hier gibt's, was andere nicht wegwerfen mögen, und die multikulturelle Gesellschaft findet sich auf beiden Seiten der Stände.

CD und Vinyl

Jazz und Café – **Jazzcup: ■ Karte 2, F 4,** Gothersgade 107, 1123 Køb K, Tel. 33 15 02 02, www.jazzklubben.dk/jazzcup.asp, Bahnen/Busse/Metro Nørreport, Di–Do/Fr/Sa 10–17.30/18/14 Uhr. Klar, dass eine Jazz–Hochburg wie Kopenhagen so einen Laden hat: Vorn Café, hinten CD-Shop voller Jazz. Fr und Sa oft Konzerte – Jazz natürlich.

Gibt's nicht, gibt's nicht – **Sound Station: ■ D 6,** Gl. Kongevej 94, 1850 Frederiksberg C, www.soundstation.dk, Busse: Gl. Kongevej H. C. Ørestedsvej, Mo–Do/Fr/Sa 10–18/19/16 Uhr. Importe aus den USA sind Spezialität dieses Plattenladens, ansonsten stehen nach Eigenwerbung 200 000 Secondhand-Tonträger mit Musik von den 1950ern bis heute in den Regalen, viel Vinyl, aber auch CDs.

Danish Design

Holzspielzeug – **Billedleg/Dansk Håndværk: ■ Karte 2, F 6,** s. S. 33.

Neues für den Tisch – **Butik for Borddækning: ■ Karte 2, G 5,** Møntergade 6, 1116 Køb K, Tel. 33 32 61 01, www.butikforborddaekning.dk, Zentrum, Mo–Fr 11–18, Sa 11–16 Uhr. In der ›Butik fürs Tischdecken‹, einer Verkaufsausstellung mehrerer Designerinnen und Kunsthandwerkerinnen, dreht sich alles um die Tischdekoration.

Designer und Kunsthandwerker – **DZOO – Designer Zoo: ■ C 7,** Vesterbrogade 137, 1620 Køb V, Tel. 30 91 51 58, www.dzoo.dk, Bus 6A: Platanvej, Mo–Do 10–17.30, Fr 10–19, Sa 10–15 Uhr. Hier entstehen Textilien, Schmuck, Keramik, Glas und Möbel in offenen Werkstätten und werden zusammen mit Arbeiten anderer Designer und Kunsthandwerker im hauseigenen Shop verkauft. Längst ein Klassiker des modernen Danish Design ist der *bønnebord* von Karsten Lauritsen, der ›Bohnentisch‹, eine Reminiszenz an den Nierentisch der 1950er-Jahre, aber modern in Ausführung und Farben. In einer Werkstatt des Designers ZOO wird er seit 2003 in unzähligen Varianten in Handarbeit produziert und im Shop verkauft – Bestellungen in individuell ausgesuchten Farben werden auch international verschickt.

Klassiker – **Georg Jensen, Illums Bolighus, Royal Copenhagen: ■ Karte 2, G 5,** s. S. 29.

Outlets der Klassiker – **Royal Copenhagen Outlet: ■ A 5,** Tel. 38 34 10 04, www.royalcopenhagen.com, Søndre Fasanvej 9, 2000 Frederiksberg, Busse 4A, 14, 15: Peder Bangs Vej, Metro: Fasanvej, Mo–Fr/Sa 10–18/15 Uhr. Am Rande des Frederiksberg Have (s. S. 55) liegt seit 1884 die Königlich Kopenhagener Porzellanmanufaktur, heute Royal Copenhagen. In dessen Outlet wird zweite Wahl mit rund 20 % Rabatt auf den Normalpreis verkauft, Einzelstücke auch mit 50 % Rabatt.

Schöne Lampen – **Louis Poulsen Showroom: ■ Karte 2, G 5,** s. S. 35.

Kultmöbel – **Paustian A/S: ■ Karte 3,** Kalkbrænderiløbskaj 2, 2100 Køb Ø, Tel. 39 16 65 65, www.paustian.dk,

Bus 27: Stubbeløbsgade hinterm Haus, Mo–Fr 10–18, Sa, So 10–15 Uhr. Möbeldesign der Oberklasse – der finnische Altmeister Alvar Aalto arbeitete für Paustian – präsentiert in einem exzentrischen Gebäude von Jørn Utzon, dem Architekten der Oper von Sydney, direkt am Rande eines aufgestylten ehemaligen Industriehafens. Paustian besitzt auch ein mit Möbelklassikern eingerichtetes Gourmetrestaurant.

Delikatessen und Spirituosen

Skål – **Vinoble Skt. Petri: ■ Karte 2, F 5,** Krystalgade 18, 1172 Køb K, Tel. 33 14 03 87, www.vinoblesktpetri.dk, Zentrum, Mo–Do/Fr 9.30–17.30/18, Sa 10–14 Uhr. Eine gigantische Auswahl an Weinen und Spirituosen der Spitzenklasse, rund 500 Whisk(e)ys und etliche Sorten dänischen Akvavits werden angeboten.

Süße Sünden – **Sømods Bolcher: ■ Karte 2, F 5,** Nørregade 24 u. 36, 1165 Køb K, http://soemods-candies.dk, Zentrum (Shop in 24: Mo–Do/Fr 9.15–17.30/18, Sa 10–15.30, ausgewählte So 11–15 Uhr, Produktion in 36: Mo–Fr ca. 10.15, 12, 13.30, 15 Uhr). In der über 100 Jahre alten Bonbonfabrik werden all die kleinen Sünden, vor denen der Zahnarzt immer warnt, gemacht und verkauft – dabei darf man zusehen.

Kopenhagens gläserne Speisekammer – **Torvehallerne KBH: ■ Karte 2, F 4,** Frederiksborggade 21, 1360 Køb K, www.torvehallernekbh.dk, Verkehrsknoten Nørreport 100 m, Mo–Do/Fr/Sa 10–19/20/18, So 11–17 Uhr. Die 2011 eröffneten **Markthallen** sind äußerst muntere, vielleicht etwas dekadente Perlen des urbanen Lebens. Unter den luftigen Glasdächern und dazwischen unter freiem Himmel präsentieren rund 70 Stände Genüsse aus aller Welt, Obst und Gemüse aus Lolland, glutfrischen Fisch, Muscheln, Krabben, Hummer aus Nordsee und Skagerrak, Qualitätsfleisch, Bio-Eis, chinesische Leckereien, Edel-Pralinen, Spezialitäten von der Gourmetinsel Bornholm, Schnäpse und Senf von der kleinen Insel Nyord bei Møn, edle Tee- und Kaffeesorten und ebenso edlen Käse, denn den können Dänen auch, wie der Stand von Arla Unika beweist. Dazwischen immer wieder Genussstände von Sushi über Tapas bis Pasta und Fischdelikatessen sowie The Coffee Collective, das Kaffeezubereitung als Kult zelebriert – natürlich haben die längst den Filterkaffee wiederentdeckt, liegt eben voll im Trend. In den Markthallen starten die Copenhagen Food Tours (s. S. 92).

Petit Paris – **Værnedamsvej: ■ D 6,** die Gasse auf der Grenze zwischen Kopenhagen – gerade Hausnummern – und Frederiksberg – ungerade – hat Züge einer dritten Stadt: Paris. In Nr. 15 pflegt das **Café Viggo** – dänischer Name der Comic-Figur Gaston – die einfache französische Landküche. Deutlich edler sind Küche und Ambiente des **Les trois cochons** in Nr. 10. Im **Tout Petit** in Nr. 17 kreiert und näht die Französin Sofie Stub nostalgische Kindermode für alle bis zehn Jahren und Kuscheltiere für die Kleinsten, derweil importiert **Karl Smart** in Nr. 11 Herrenmode aus Italien und Frankreich. Dazu kommen der Edel-Take-away **Le Marché** in Nr. 2, Delikatessenladen **Le Gourmand** in Nr. 3A und **Helges Ost** in Nr. 9, wo es ab dem frühen Mittag herrlich belegte Brötchen gibt, oder der **Mad Synergi Købmand** im Hinterhaus der Nr. 4, ein Gourmet-Kaufmann des 21. Jh., der den Begriff des Fertiggerichtes neu definiert.

Für alle Fans der 1950er – Rockahula

Mode, Accessoires und Schmuck

Schnäppchen – **Langelinie Factory Outlets:** ■ **J 2,** Langelinie kaj, 2100 Køb Ø, Bus 26, tgl. 11–18 Uhr. Kopenhagens größtes Factory-Outlet im Fundament der Promenade, die sich am Langelinie kaj entlangzieht. Vertreten sind dänische Modemarken wie Noa Noa, Jackpot, InWear, Martinique und Cottonfield, Samsø & Samsø und Ticket to Heaven, aber auch internationale wie Quicksilver oder Kappa. Alles wird deutlich unter dem Preis verkauft, der eine Modesaison zuvor in der City verlangt wurde.

Schriller als die Innenstadt – **Istedgade:** ■ **D 7–E 7,** die Busse 10 und 14 u. a. ab Rådhuspladsen, fahren die ganze Istedgade hinunter. Lange Synonym für Fixernadeln, Pornoshops und Rotlichtbars steht die Istedgade zumindest ab den 50er-Hausnummern heute eher für Nähnadeln, Klamottenläden und Szenecafés – aus verrufen wurde trendy. Läden mit Mode, Accessoires und hochwertiger Secondhandware wechseln sich ab mit Cafés, Kneipen oder Multikulti-Lebensmittelläden. Nur ›frühe Vögel‹ haben hier schlechte Karten: Kaum einer der Szeneshops öffnet vor 11 Uhr. Leider wechseln die Läden auch oft Namen, Stil und Konzept – hier eine Momentaufnahme: **Hornecker** (Nr. 43 A, www.hornecker.biz) bringt Charakter an die Füße der Frauen von Sandale bis Stiefel. **Donn Ya Doll** (Nr. 55) wird mit seiner Mode kleiner Labels immer gemäßigter – das passt auch zum Wandel der Istedgade. **Rockahula** (Nr. 91, http://rockahula.dk) hilft den Fans der 50er, sich passend zu kleiden. Buntes Retro-Design von Haarspangen bis Lampen und Kleinmöbel steuert **Girlie Hurly** bei (Nr. 99). Die Boutique **Rude** (Nr. 112) steht auf Vintage-Klamotten, gern bunt und einzigartig – auf keinen Fall Massenware! Und zum Stärken beim

Shoppen: **Vesterbros Originale Burgerrestaurant** (Nr. 34–36), hat den Burger zum Zentrum seines Seins gemacht und treibt Kult damit – Vorsicht bei dem mit Chili. **Bang & Jensen** (Nr. 130), das Bistro in einer alten Apotheke, serviert jeden Tag ab 8 bzw. am Wochenende ab 10 Uhr bis in den späten Abend hinein Kaffee, Snacks und Bier.

Elegantes im Zentrum – **Kronprinsensgade: ■ Karte 2, G 5,** Zentrum. Hier kleiden sich die Jungen und Schönen gern ein, und wenn das anstrengend wird, stärken sie sich im **Café Sommersko** (s. S. 91). Frauen sind primäre Zielgruppe in der Kronprinsensgade und wen wundert's da, dass es reichlich Schuhe gibt: **Bruno & Joel** (Nr. 2) führt sein eigenes Label, aber auch Schuhe anderer Edelmarken. Auch im Doppelshop **ASH/Carla F** (Nr. 9, unten) stehen die Füße der Frauen im Mittelpunkt: Das Label ASH spricht Powerfrauen an und Carla F bringt Schuhe starker Marken von derben, urbanen DocMartens bis zum femininen dänischen Label Ca'Shott oder dem zeitlosen Schuhwerk von Michael Kors zusammen. Immer noch nicht das richtige gefunden? **Notabene** (Nr. 10) verkauft modische Schuhe und Accessoires der eigenen Marke sowie die hochwertiger internationaler Designerlabel. Und was trägt man oberhalb der Schuhe? **Bruuns Bazaar** (Damen in Nr. 8, Herren in Nr. 9 oben, www.bruunsbazaar.com) bietet auf beiden Seiten der Straße schlichte Eleganz von T-Shirts bis zu Kleidern. Weil es in Dänemark auch mal regnet, ist hochwertige und modische Funktionskleidung, vor allem wenn sie gegen Regen hilft, ein Renner und klar: Es gibt im Brandstore von **Ilse Jacobsen Hornbæk** (Nr. 11) auch Gummistiefel, womit wir wieder bei den Füßen wären. Das schwedische Label **Vagabond Shoemakers** (Nr. 12) darf da nicht vergessen werden mit ihren langlebigen Schuhen und Accessoires für Frauen wie Männer. **Stig P** (Nr. 14) führt edle, elegante und trendbewusste Mode vom eigenen Label Dico, aber auch von internationalen Designern. Nur der Laden in Nr. 11 passt irgendwie nicht in diese Modewelt, denn wer dort zu viel kauft, passt bald nicht mehr in die Mode: In der **Summerbird Chocolaterie** gibt's edelste Dickmacher aus Schokolade und Marzipan. Und wem die Kronprinsensgade nicht reicht, der bummelt am Nordende rechts die Pilegade weiter Richtung Strøget und findet dort einen ähnlichen Mix aus Mode und Cafés.

Schwarz, grau, edel – **&Pagne ■: Karte 2, F/G 5,** Hyskenstræde 7, 1207 Køb K, Tel. 33 11 12 07, www.pagne.dk, Zentrum, Mo–Fr 11–18, Sa 11–16 Uhr. Die Edelboutique kommt wie ein Schwarz-Weiß-Foto daher, mit perfekter Auflösung bei den Grauwerten. Allenfalls zwei, vielleicht drei Dutzend edler Modelle in Schwarz- und Grautönen mit scharfen Konturen hängen an den wenigen Ständern, sorgfältig ausgesucht immer mit dem Design als wichtigstem Kriterium – hier ist Kopenhagen auf Augenhöhe mit Mailand und Paris.

Legere Dan-Couture – **munthe: ■ Karte 2, G 5,** Grønnegade 10, 1107 Køb K, www.munthe.com, Zentrum, Mo–Do/ Fr/Sa 10–18/19/16 Uhr. Seit Ende 2003 bereichert Naja Munthe mit ihrem Concept Store die Grønnegade. Die Vorzeigedesignerin der Dan-Couture baute nach ihrem Examen 1994 an einer Designschule in der dänischen Provinz in wenigen Jahren ein international tätiges Modeimperium auf. Ihre meist gut betuchten Kundinnen kleidet sie lässig, mit vielen Naturmaterialien, aber immer feminin ein.

Ausgehen – abends und nachts

Fließende Grenzen

Restaurants, in denen nachts getanzt wird, eine Weinbar, die das beste Bier zapft, kaum ein *spillested*, wo nicht nach der Livemusik DJs Vinyl jammern lassen – Grenzen sind fließend, das Angebot der Nacht breit und vielfältig. Kopenhagener Lebensart bewahrt auch gern Traditionelles und so zitieren Kneipen und Cafés jede Dekade des 20. Jh.

Konzerte, Theater, Oper

Open-Air-Konzerte in Parks, auf Plätzen oder an Stränden wie im Amager Strandpark (s. S. 59) gehören zum Kopenhagener Sommer. Völlig ins Swingen gerät die Stadt beim Jazzfestival in der ersten Julihälfte. Beim Sprechtheater und bei Musicals ist die Sprache oft eine Barriere, nicht aber bei Ballett und Tanztheater, für das Kopenhagen berühmt ist. Während das Ensemble des Kongelige Teater mit seinen drei Spielstätten und die meisten der unabhängigen Boulevardtheater im Sommer Spielpause haben, füllen oft spannende Kulturfestivals (s. S. 17) diese Lücke.

Hier ist was los

Kleine Spots des Nachtlebens verteilen sich über die ganze Innenstadt. **Vester- und Skindergade** (▶ F 5/6) locken junges, lautstarkes Publikum. Hangouts mehrerer Generation säumen **Pilestræde und Sværtegade** (▶ G 5), und je später der Abend wird, desto schwuler wird das **Latiner Kvarter** (s. S. 38). Derweil kommt in **Snarens Kvarter** (s. S. 32) die Dreifaltigkeit der Livemusik zu Ehren: Blues, Jazz und Rock.

In den Brückenvierteln bleibt man, wo man am Abend schon gut gegessen hat, um **Skt. Hans Torv** (▶ E 3) in Nørrebro oder in Vesterbro am Halmtorvet im alten Schlachthofviertel **Kødbyen** (▶ E 7). Und für Kopenhagener aller Generationen zählen zu den Ausgehzielen auch die Vergnügungsparks **Bakken** (s. S. 64) und **Tivoli** (s. S. 41) mit Konzerten, Revuen, Schunkelliedern und viel Romantik.

Und was wollen wir trinken?

Bier – dänisch *øl* und wie das Schmiermittel gesprochen – ist Alltagsgetränk. Aber statt früher dominierender Flaschenbiere läuft zunehmend Fassbier – *fadøl* – durch die Kehlen, gern internationale Biere aus Belgien, England, Tschechien oder Irland sowie Spezialbiere kleiner dänischer Brauhäuser, die dermaßen angesagt sind, dass der Kopenhagener Biergigant Carlsberg einmal kräftig schlucken musste und jetzt aus seiner ›Husbryggeriet Jacobsen‹ (s. S. 72) ständig neue Designerbiere auf den Markt wirft.

Während das normale 0,25–0,33 ltr. Carlsberg oder Tuborg – übrigens beide längst in einem Konzern vereint – je nach Lokal 25–45 DKK kostet, muss man für ›handgebraute‹ Spezialitäten schon mal 80 oder 100 Kronen auf die Theke legen.

Akvavit ordert man kurz als *snaps,* bekommt ihn eiskalt serviert und zahlt dafür meist so viel wie für ein normales Bier. Aber es gibt auch edlere Spirituosen. Auf der Karte einer populären Nørrebro-Kneipe las sich das so: *Sprut* (Sprit) 23, *God Sprut* (guter Sprit) 25, *Bedre Sprut* (besserer Sprit) 28, *Endnu Bedre Sprut* (noch etwas besserer Sprit) 35, *Ren Frud* (Hochgenuss) 40/45, *Den Bedste* (der Beste) 55 – alle Preise in Kronen. Dann mal Prost!

Cocktailpreise variieren sehr nach Stil und Anspruch des Lokals, bei 70 DKK geht es los, in reinen Bars (s. S. 106) bei ungefähr 100 DKK. Die bei jungem, partyhungrigem Publikum angesagten *shots* (ab 20 DKK, große Mengenrabatte z. B. 10 Stück für 100 DKK) sind oft Liköre aus Vodka plus Lakritz-Pastillen wie die in Skandinavien beliebten GaJol-Sorten. Gesundheits- wie Jugendpolitiker toben, weil hier Alkoholika Namen und Logo von Produkten nutzen, die Dänen von Kind auf aus dem Süßigkeitenregal kennen. Das hält Discos und Billigclubs aber nicht davon ab, an Wochenenden mit Shot-Sonderangeboten ein gerade 18 gewordenes Publikum zum Vollrausch zu verführen.

Tickets von Sport bis Konzert

www.billetnet.dk: Tel. 70 15 65 65
www.billetten.dk, Tel. 70 20 20 96. Liste der Agenturen mit Direktverkauf jeweils auf der Website, beide u. a. Tivolis Billetcenter (Vesterbrogade 3, s. S. 42). Vorverkaufsstellen in Deutschland auf www.billetten.dk/salgsteder/11
www.teaterbilletter.dk: Tel. 70 27 22 72, Frederiksborggade 15, 1360 Køb K, Mo–Fr 12–18, Sa 10–14 Uhr, Tickets fast aller freien Sprech-, Musik- und Tanztheater.

Clubs und Shows

Passt in keine Schublade – **Gefährlich:** ■ **E 4,** Fælledvej 7, 2200 Køb N, Tel. 35 24 13 24, www.gefahrlich.dk, Busse: Nørrebrogade, Mi, Do/Fr, Sa 17–22.30/4.30 Uhr. ›Lebe wild und gefährlich‹ ist das Motto des Multi-Clubs mitten in Nørrebro, nur ein paar Schritte vom populären Skt. Hans Torv. Das Restaurant (ca. –22.30 Uhr) bringt Bar-Food-Klassiker auf den Teller, dänische, französische, amerikanische und, und, und … (HG 155 DKK). Nach dem Essen wird Gefährlich am Wochenende Nachtclub mit populärer Cocktailbar. Und wer schön sein will: Frisør Liebmann, ein Original an der Schere, gehört praktisch zum Gefährlich und bringt manchmal noch zu später Stunde eine Frisur in Ordnung, aber man sollte sich anmelden, sein ›Studio‹ ist mini (www.frisoer-liebmann.dk). Und der Name? Es ist hip im kleinen Königreich, deutsche Namen zu benutzen.

Steakhouse zum Tanzen – **Restaurant Barcelona:** ■ **E 3,** Fælledvej 21, 2200 Køb N, Tel. 35 35 76 11, www.restaurantbarcelona.dk, Busse: Nørrebrogade. Mit dem multifunktionalen ›Barcelona‹ zeigte Nørrebro auf Kopenhagens Karte des Nachtlebens vor Jahren erstmals Flagge, das Lokal ist praktisch ein Pionier der Kiezkultur und hat sich schon mehrfach neu erfunden. Aktuell serviert das Steakhouse im 1. Stock (Di–Sa 17.30–23 Uhr, HG um 200 DKK) viel Fleisch, aber auch Fisch vom Grill. Nach dem Essen könnte man auf einen Drink oder einen Kaffee in die Cocktailbar wechseln und am Wochenende im Nachtclub bis zum frühen Morgen bei aktuellen Hits, Party-Pop und kleinen Dosen R'n'B abtanzen. In der Lounge im 1. Stock gibt's derweil Chill-out-Music, die auch noch ein Ge-

A ›Copenhagen‹ please: Der Copenhagen ist ein junger Cocktail, bei einem Wettbewerb 2009 ausgewählt, weil Kopenhagen endlich seinen Cocktail wollte, wie Venedig den Bellini oder New York den Manhattan. Die Zutaten sind 5 cl Bols Genever, 2 cl Kirschlikör (Cherry Heering Liqueur), 2 cl Zitronensaft, 2 cl Zuckersirup und 1 Schuss Angostura Bitter. Das Ganze wird mit Eis geschüttelt, in eine Cocktailschale abgeseiht und zum Schluss mit einem Orangenfilet abgerundet.

spräch zulässt (DJ Fr, Sa ca. 23–5 Uhr, min. 23 Jahre).

Lieber Trends setzen, als ihnen folgen – **Rust: ■ E 3,** Guldbergsgade 8, 2200 Køb N, Tel. 35 24 52 00, www.rust.dk, Busse: Nørrebrogade, Konzerte s. Programm i. d. R. ab 20 oder 21 Uhr, Eintritt 30–150 DKK, Clubbing mit wechselnden Themen Fr, Sa 23–5 Uhr, Eintritt 60 DKK. Den Namen für diesen ›subkulturellen Palast‹ gab der Kreml-Wirrflieger Matthias Rust, doch wer erinnert sich noch an den? Aber so ahnt man, wie lange sich das Rust schon in der Szene hält. Dafür muss es sich immer wieder neu erfinden, setzt dabei lieber Trends, als ihnen nachzuhecheln. Mehrere Dancefloors und Lounges zum Abtanzen, Chillen oder Kuscheln.

Las Vegas grüßt – **Wallmans Cirkusbygningen: ■ Karte 2, E 6,** Jernbanegade 8, 1608 Køb V, Tel 33 16 37 00, www.wallmans.dk, Zentrum, Do/Fr, Sa, in ausgewählten Wochen auch Di, Mi ab 18.30/19 Uhr (Einlass 1 Stunde vorher), ab ca. 22.30/23 Uhr Nachtclub. Show und Dinner je nach Wochentag und Kategorie ca. 530–1400 DKK/Pers. Der altgediente Circus-Kuppelbau, wenige Schritte von Ratshausplatz und Tivoli entfernt, hat schon viele Konzepte erlebt, zurzeit sind Dinnershows im Las-Vegas-Stil angesagt: mit großer Show auf der Bühne, 4-Gänge-Menü auf dem Teller und anschließend wird das Rund zum Tanzparkett des ›Cirkusbygningens Natklub‹. Zielgruppe sind eher lebenslustige Empty-Nester als deren Brut – im Natclub gelten 25+ und Dresscode.

Clubbing- und Konzerttempel – **Vega – Musikkens Hus: ■ C 7,** Enghavevej 40, 1674 Køb V, Tel. 33 25 70 11, www.vega.dk, Busse: Enghave Plads. Konzerte und große Clubbing-Events s. Programm, Nachtclub Fr, Sa 23–5 Uhr in der Ideal Bar. Das Vega in einem denkmalgeschützten ehemaligen Gewerkschaftshaus aus den 1950ern bringt ein Weltklasse-Konzertprogramm – Björk, David Bowie und Robbie Williams standen schon auf der Bühne. Vegas ›Straßenbar‹, die intime Ideal Bar, macht ihr eigenes Ding von intimen Unplugged-Konzerten bis zu düsteren Underground-Nights mit bekannten DJs. Die haben das Vega schon mal in die Top Ten der besten Clubbing Locations weltweit gewählt.

Cocktailbars

Cocktailtempel – **1105: ■ Karte 2, G 5,** Kristen Bernikows Gade 4, 1105 Køb K, Tel. 30 11 93 26, www.1105.dk, Zentrum, Di–Do 19–2, Fr ab 16 Uhr. Der Mann hinter der Bar, Gromit Eduardsen, hat sich nach ›Engagements‹ in den besten Hotelbars der Stadt hier selbstständig gemacht und beherrscht Klassiker wie Eigenkreationen – der ›Copenhagen‹ (s. links) ist seine Erfindung.

Karibische Gefühle mit Stadtblick – **Halvandet: ■ K 2,** Refshalevej 325,

1432 Køb K, Tel. 70 27 02 96, www.halvandet.dk, Bus 40 und Havnebus: Refshaleøen ca. 800 m, Mai–Sept. tgl. ca. 10/11/12–ca. 24 Uhr (wetterbedingt). Café und Strandbar mit coolen Cocktails, leichten Kleinigkeiten und beliebtem Brunch am Wochenende (155 DKK). Spielt das Wetter mit, machen auch Beach Volleyball, Sandfußball, Petanque usw. Spaß – echter Strand ist hier aber nicht, das Gelände war früher eine Werft.

After-Work-Weinbar – **Ved Stranden 10:** ■ **Karte 2, G 5:** Ved Stranden 10, 1061 Køb K, Tel. 35 42 40 40, www.vedstranden10.dk, Zentrum, Mo–Sa 12–22. Wein erobert das Bierland Dänemark, auch zum Drink nach dem Job. Am Rande des kleinen Kopenhagener ›Finanzdistrikts‹ hält die Weinbar mit edlem Wohnzimmerambiente eine exquisite Auswahl meist europäischer Weine bereit. Dazu gibt es kleine Gerichte als Grundlage, legendär das Croque Monsieur. Kult ist das ›mandagsmad‹, das Montagsessen, ein Überraschungsmenü, das oft Gastköche zubereiten (100 DKK, ab 18 Uhr). Einen Weinhandel gibt's auch und im Sommer Außengastronomie am Holmens Kanal.

Trinkt hier das Folketing? – Es gibt schon zu denken, wenn drei bekannte Cocktailbars nur einen Katzensprung vom Parlament entfernt liegen (alle Karte 2, Zentrum): **K Bar:** ■ **G 5,** Ved Stranden 20, 1061 Køb K, www.k-bar.dk, Mo–Do/Fr, Sa 16–1/2 Uhr. Kirsten Neergaard Holm mixt in ihrer kleinen, minimalistischen ›Eckbar‹ rund ein Dutzend exzellente Martini-Cocktails, aber auch andere Drinks, die man rühren oder schütteln kann. **Madam Chu's:** ■ **G 5,** Gammel Strand 40, 1202 Køb K, www.madamchu.dk, Mi–Sa ab 18 Uhr. Dunkles Rot prägt die Kellerbar mit der ewig langen Theke, die das geheimnisvolle Shanghai des frühen 20. Jh. zitiert und verführerische

Auch in Kopenhagen ist jetzt frisch gezapftes Bier angesagt

Kult zum Bier

Mikrobryggerier heißen Brauhäuser, die im Angesicht der Braukessel Kult ums Bier treiben. Trendsetter war **Bryghuset Nørrebro** (■ E 3, Ryesgade 3, 2200 Køb N, Tel. 35 30 05 30, www.noerrebrobryghus.dk, Busse: Nørrebrogade, Mo–Do/Fr–Sa 12–24/2 Uhr, reservieren!). Das kreiert immer neue Spezialitäten im Stil großer Biere aus aller Welt. Pate standen schon deutsche Schwarzbiere, britische Ales und Stouts, belgische Klosterbiere oder böhmische Pilsner. Rund zehn Sorten sind jeweils ›am Hahn‹. Zur rauschfreien Übersicht gibt's 0,1-l-Probegläschen. Mehr für den Durst bieten vier- bis siebenglasige Biermenüs, die auch passend zu allen kulinarischen Menüs im Restaurant gereicht werden. Dessen dänisch/nordisch orientierte Küche kocht natürlich mit Bier, wo immer es passt (HG um 200 DKK, Menüs 350 DKK, Biermenü ca. 165–235 DKK).

Cocktails serviert. **Ruby: ■ G 6,** Nybrogade 10, 1203 Køb K, www.rby.dk, Mo–Sa 16–2, So 19–2 Uhr. Lassen sie sich nicht von der unbekannten Flagge über der Tür irritieren: Das Ruby teilt sich ein Dach mit Georgiens Botschaft und wenn man ins Ruby eintritt, wähnt man sich im Wohnzimmer des Botschafters. Aber keine Sorge, es ist eine echte Bar, in der Cocktailklassiker gepflegt werden, aber auch Cocktails nach Jahreszeit – vielleicht einen Spiced Pumpkin zur Kürbiszeit?

Kneipen im alten Stil

Schreibertreff – **Bo-Bi Bar: ■ Karte 2, G 5,** Klareboderne 14, 1115 Køb K, Tel. 33 12 55 43, Zentrum, Sa/So–Fr 12/14–2 Uhr. Zeitlose Kneipe mit rot karierten Tischdecken, seit Jahrzehnten eine Institution, Treff von Autoren, Redakteuren und Journalisten der umliegenden Verlagshäuser.

Sehr englisch – **Charlie's Bar: ■ Karte 2, G 5,** Pilestræde 33, 1112 Køb K, Tel. 33 32 22 89, Zentrum, So/Mo 14–23/0, Di, Mi/Do–Sa 12–1/2 Uhr. Der English Pub mit einer Batterie von Zapfhähnen wurde als bisher einzige Kopenhagener Kneipe mit dem Cask Marque ausgezeichnet – für einen Pub etwa das, was drei Michelin-Stern für ein Restaurant sind.

Exotisch, dänisch, jazzig – **Galathea Kroen: ■ Karte 2, F 6,** s. S. 33.

Uralt urig – **Hvide Lam: ■ Karte 2, F 5,** Kultorvet 5, 1175 Køb K, Tel. 33 32 07 38, Zentrum, tgl. min. 10–24, Fr, Sa bis 2 Uhr. Die Kellerkneipe hat schon Kopenhagens Bombardierung durch die Engländer 1807 überlebt und viel wurde seitdem nicht verändert. Fast jeden Abend Livemusik, oft hinreißende Sessions älterer Herren, deren Finger jazzen.

Bier für Geduldige – **Vinstue 90: ■ D 6,** Gammel Kongevej 90, 1850 Frederiksberg C, Tel. 33 31 84 90, Busse: Gl. Kongevej/H. C. Ørestedsvej, So–Mi/Do–Sa 11–1/2 Uhr. Der Wein im Namen hat keine Bedeutung: *vedskænket fadøl*, wohlgezapftes Fassbier, ist die wahre Spezialität, die Betonung liegt auf ›zapfen‹. Das Gedeck der Stammkunden: ein großes Bier vom Fass – ca. 15 Minuten Zapfzeit – und eine Flasche Bier für die Zeit, bis es fertig ist. *Skål!*

Livemusik

Institution mit Tradition in Nørrebro – **Café Blågårds Apotek: ■ D/E 4,** Blågårdsgade 20, 2200 Køb N, Tel. 35 37 24 42, www.kroteket.dk, Busse: Nørregade, Mo–Do/Fr, Sa 14/12–2, So 12–24 Uhr, Livemusik Fr, Sa ab ca. 21 Uhr. Seit den Siebzigerjahren ist die Apotek eine Kneipeninstitution in Nørrebro (s. S. 52), viele Stammgäste sind mit ihr alt geworden, aber die Konzerte (Blues, Rock, Jazz) locken auch jüngeres Publikum.

Kinostadt Kopenhagen

Kopenhagen war einst das europäisches Hollywood – zu Stummfilmzeiten in Europa allenfalls von Paris übertroffen – und lebt mit großen Kinos und vier internationalen Filmfestivals seine Traditionen weiter. Internationale Filme laufen fast immer unsynchronisiert mit Untertiteln. Kinopreise ca. 65–110 DKK.

Die Arthouse-Kinos

Cinemateket: ■ Karte 2, G 5, Gothersgade 55, 1123 Køb K, Tel. 33 74 34 12, www.cinemateket.dk, Bahnen/Busse/Metro: Nørreport. Die Cinemathek des Dänischen Filminstituts zeigt mit Retrospektiven und Themenreihen sowie Kinder- und Jugendfilmen das am wenigsten vom Kommerz geprägte Programm. Im Foyer das exzellente Café-Restaurant Sult (dt. Hunger), benannt nach einer von Cineasten geliebten 1966er-Verfilmung des gleichnamigen Romans von Knud Hamsun (Di–So 10–22 Uhr, populär ist der Brunch am Wochenende 10–15 Uhr).

Dagmar: ■ Karte 2, E/F 6, Jernbanegade 2, 1608 Køb V, Tel. 33 14 32 22, www.dagmar.dk, Zentrum, 5-Säle-Filmkunstpalast nahe Rathausplatz mit europäischen und amerikanischen Filmen am Rande des Mainstream. Tradition verpflichtet: Carl Th. Dreyer, von den 1920ern bis in die 1960er einer der bedeutendsten europäischen Regisseure, arbeitete viele Jahre als künstlerischer Leiter für das Dagmar.

Grand: ■ Karte 2, F 6, Mikkel Bryggersgade 8, 1460 Køb K, Tel. 33 15 16 11, www.grandteatret.dk, Zentrum. Sechs Kinosäle mit Schwerpunkt europäischer Film; gute Streifen laufen hier oft monatelang.

Vester Vov Vov: ■ D 7, Absalonsgade 5, 1658 Køb V, Tel. 33 24 42 00, www.vestervovvov.dk, Busse: Vesterbros Torv. Kleines Programmkino.

Die Festivals

CPH:PIX: www.cphpix.dk, 18 Tage im April. Das größte Wettbewerbsfilmfestival im Lande zeigt ein breites Spektrum von amerikanischen Independentproduktionen bis zu jungen europäischen und asiatischen Filmen.

Buster: www.buster.dk, zehn Tage im September. Kinder- und Jugendfilmfestival.

MIX Copenhagen: www.mixcopenhagen.dk, zehn Tage im Okt. Wettbewerb des Lesbisch-Schwulen-Bi-Transsexuellen-Films.

CPH:DOX: www.cphdox.dk, zehn Tage im November. Wettbewerbsfestival mit Dokumentarfilmen aus aller Welt, in dessen Rahmen u .a. der Amnesty Award von Amnesty International für Dokumentarfilme über Menschenrechte vergeben wird.

Rock – **Drop Inn:** ■ **Karte 2, F 6,** s. S. 33.

Blues – **Mojo Bluesbar:** ■ **Karte 2, F 6,** s. S. 33.

Dinner und Jazz – **Jazzhus Montmartre:** ■ **Karte 2, G 5,** Store Regnegade 19A, www.jazzhusmontmartre.dk, Zentrum, Restaurant an Konzerttagen ab 17.30 Uhr bis Konzertbeginn und in Pausen. Das Montmartre begründete Kopenhagens Ruf als eine Jazzmetropole, galt nach seiner Gründung 1961 lange als bester Jazzclub der westlichen Welt. Hier traten Legenden auf wie Johnny Griffin, Miles Davis, Dollar Brand, David Sanborn, Herbie Hancock und Chick Corea. Stammmusiker im Montmartre wurden etliche Exilamerikaner, die das liberale Dänemark ihrer Heimat vorzogen, wie Dexter Gordon, Stan Getz und Ben Webster, der in Kopenhagen auf dem Assistens Kierkegaard (s. S. 53) begraben ist. Nach einem Ortswechsel endete die Ära des ersten Montmartre in den 1990ern, aber 2010 entstand es am ursprünglichen Standort neu. Klein und intim bietet es 70–80 Besuchern Platz – bei einem Weltklasseklasseprogramm. Zum Konzept ›Wine, Dine & Jazz‹ gehören sowohl musikalische wie kulinarische Erlebnisse und so kann man – muss nicht! – vor dem Konzert im Club ein festes Menü genießen (spätestens 18 Uhr, Musik ca. ab 20 Uhr). Ähnlich ist das ›Dine & Jazz‹-Konzept im noch kleineren **The Standard Jazz Club (■ H 5,** Havnegade 44, 1058 Køb K, Tel. 72 14 88 08, www.thestandardjazzclub.com) am Hafen, nur speist man dort optional vor oder nach dem Konzert in einem der drei Restaurants des zum Lifestyle-Tempel **The Standard** umgebauten alten Art-déco-Fährterminals aus den 1930er-Jahren, darunter das Michelin-Stern-Restaurant **Studio** (alle: www.thestandardcph.dk).

Jazz und Verwandtes – **JazzHouse:** ■ **Karte 2, G 5,** Niels Hemmingsensgade 10, www.jazzhouse.dk, Konzerte in der Regel ab 20 Uhr, zu ausgewählten Terminen auch NatJazz ab ca. 23 Uhr. Fast täglich Konzerte, vorrangig Jazz, aber auch Worldmusic, Swing oder Jazz Funk. Zum NatJazz darf die Musik gern etwas tanzbarer sein.

Theater

Musical- und Operettenhaus – **Det Ny Teater:** ■ **D 6,** Gammel Kongevej 29, 1610 Køb V, Tel. 33 25 50 75, www.detnyteater.dk, Busse: Det Ny Teater, Vesterbro Torv. Das Gebäude schön plüschig und mit viel Stuck, das Programm populäre Operetten- und Musicalproduktionen. Im Restaurant Teaterkælderen geht die Inszenierung weiter, der Service der Kellner wird zum Auftritt (Tel. 33 25 75 00, je nach Theaterprogramm Kernzeiten Di–Sa/So 17–24/22 Uhr).

Tanztheater – **DANSEhallerne:** ■ **B 8,** Pasteursvej 20, 1799 Køb V, Tickets s. www.teaterbilletter.dk S. 105, www.dansehallerne.dk, S-Bahn: Enghave. Früher tanzten hier Flaschen über die Abfüllanlage der Carlsberg Brauerei, heute Tänzer über die Bühne der Danseszenen. DANSEhallerne vereint alle bedeutenden Institutionen des zeitgenössischen Tanztheaters in Dänemark unter einem Dach, so auch das Dansk Danseteater, das wichtigste Tanztheaterensemble im Land.

Die klassisch königlichen Bühnen – **Det Kongelige Teater – Gamle Scene (Alte Bühne):** ■ **Karte 2, G 5,**

Prächtig präsentiert sich das Königliche Theater bei klassischen Ballettaufführungen

Kongens Nytorv, 1017 Køb K, Zentrum, **Skuespilhuset (Schauspielhaus):** ■ **H 5,** Sankt Annæ Plads 36, 1250 Køb K, Zentrum, **Operaen** (die Oper): ■ **J 5,** Ekvipagemestervej 10, 1438 Køb K, Havnebus ab/bis Nyhavn, bei Aufführungen Pendelverkehr. **Tickets** nur online www.kglteater.dk oder Tel. 33 69 69 69 (Kreditkarte/Drucker erforderlich), Resttickets 2 Std. vor Aufführung in den einzelnen Häusern. Die prächtig verzierte **Gamle Scene** von 1874 im Stammhaus der wichtigsten dänischen Bühneninstitution am Kongens Nytorv wird noch für besondere Aufführungen genutzt, vor allem für das Königliche Ballett, ein Tanzensemble mit Weltruhm. Für die anderen Sparten bekam das Traditionshaus 2005 die imposante Oper und 2008 ein architektonisch nicht minder spannendes Schauspielhaus – beide liegen sich am Hafen praktisch gegenüber. Bei normalen Vorstellungen kosten günstigste Tickets in allen Häusern je nach Programm 50–200 DKK, die besten Plätze bis 900 DKK.

Da leuchten Kinderaugen – **Marionet Teatret:** ■ **Karte 2, G 4,** Kronprinsessegade 21, 1306 Køb K, Busse: Kronprinzessegade, Juni– Aug., Di–So 14 und 15 Uhr, je ca. 30 Min., gratis. Das Marionettentheater wendet sich seit 1966 an die kleinsten Kopenhagen-Besucher: Die Aufführungen sind nonverbal oder in globaler Kindersprache.

Sprachführer Dänisch

Alphabet und Aussprache

Wer Deutsch kann, versteht leicht geschriebenes Dänisch, wehe aber, Dänen sprechen. Sie sind Weltmeister im Verschlucken von Buchstaben oder Silben und Zusammenziehen von Wörtern. Außerdem werden einige Buchstaben ungewohnt ausgesprochen: das Y immer wie Ü, das S immer stimmlos, das G gelegentlich wie J und das Aa, das mit dem Å z.B. in Åboulevard synonym ist, mit einem langen O wie in Oberhausen.

Die Umschreibung der Sonderzeichen im Internet ist nicht einheitlich: In Suchmaschinen reicht es in der Regel den Standardbuchstaben einzugeben, also Kobenhavn, wenn man das dänische København suchen will, und die Blågårds Apotek findet man sowohl mit Blagards als auch mit Blaagaards sofort. Eine besondere Falle bereitet die Frage nach dem freien Stuhl: »Ist der frei?« Dies wird auf Dänisch mit anderen Vorzeichen gefragt: »Er den optaget?« (›Ist der besetzt?‹) Wird nun mehr erahnt als verstanden, was der Gegenüber will, und mit Nicken oder Kopfschütteln geantwortet, ist ein Missverständnis vorprogrammiert.

Ungewohnte Abkürzungen:

Skt. = Sankt; St. = Store

Allgemeines

Du/Sie	du/De

Im täglichen Umgang hat das Du das förmliche De (Sie) weitgehend ersetzt.

Guten Morgen	god morgen
Guten Tag	goddag
›Tachchen‹	davs
Auf Wiedersehen	farvel
Wir sehen uns!	Vi ses!
Entschuldigung	undskyld
Danke	tak
Danke für letztens!	tak for sidst!
Bitte sehr	værsågod

(Ein direktes Pendant zum ›Bitte‹, wie in ›Ich möchte bitte …‹ ist unbekannt, ihm entspricht das tak (danke) am Satzende: ›Jeg vil gerne …, tak!‹. Auch heißt es ›Ja, tak‹, wo man im Deutschen eher ›Ja, bitte‹ sagt.)

Unterwegs

(Stadt-)bus	(by)bus
S-Bahn/Zug	S-tog/tog
Haltestelle	stoppested
Bahnhof	banegård
Fahrplan	køreplan
Abfahrt/Ankunft	afgang/ankomst
ab/an	fra/til
Pkw-Platz (auf Fähre)	bilplads (på færgen)
Fähre(hafen)	færge(havn)
Auto(verleih)	bil(udlejning)
Fahrrad	cykel
Durchfahrt	gennemkørsel
Parkplatz	parkeringsplads
rechts/ links	højre/venstre
Flughafen	lufthavn
Charter-/Linienflug	charter-/rutefly
Einbahnstraße	ensrettet
Brücke	bro
Fußgängerzone	gågade
Platz	plads
Radweg	cyklesti
Einfahrt/Zugang	adgang
geschlossen	lukket
geöffnet	åbent

Zeit

Minute/Stunde	minut/time
Tag/Woche	dag/uge
Monat/Jahr	måned/år
heute/gestern	i dag/i går
Morgen/Mittag	morgen/middag
Nachmittag	eftermiddag
Abend/Nacht	aften/nat
täglich (außer)	dagligt (undtagen)
werktags	hverdage
außer	undtagen
Feiertag	helligdag

Notfall

Hilfe!	hjælp!
Polizei(station)	politi(gården/station)
Arzt	læge
Zahnarzt	tandlæge
Apotheke	apotek
Krankenhaus	sygehus
Unfall/Panne	ulykke/uheld
Rettungswagen	ambulance

Übernachten

Ferienhausvermietung	Feriehusudlejning
Einzel-/Doppel-/ Familienzimmer	enkelt-/dobbelt- /familieværelse
Bett	seng
Dusche	brusebad
alles voll	alt optaget
zu mieten	til leje
(Nicht-)Raucher	(ikke)ryger
Rechnung	regning

Einkaufen

Geschäft	forretning
Markt	marked/grøntorv
Kreditkarte	kreditkort
Geld	penge
Geldautomat	kontanten
Bäckerei	bageri
billig/teuer	billigt/dyrt
Größe	størrelse
bezahlen	betale

Zahlen

1	en	20	tyve
2	to	21	en-og-tyve
3	tre	22	to-og-tyve
4	fire	30	tredive
5	fem	40	fyrre
6	seks	50	halvtreds (femti)
7	syv	60	tres (seksti)
8	otte	70	halvfjerds (syti)
9	ni	80	firs (otti)
10	ti	90	halvfems (niti)
11	elleve	100	ethundrede
12	tolv	200	tohundrede
13	tretten	225	tohundrede-femogtyve
14	fjorten	1000	ettusinde
15	femten	2000	totusinde
16	seksten	2245	totusinde-tohundrede-ogfemogfyrre
17	sytten		
18	atten		
19	nitten		

Die wichtigsten Sätze

Allgemeines

Sprechen Sie Deutsch/Englisch? Taler du tysk/engelsk?
Ich verstehe kein Dänisch. Jeg forstår ikke dansk.
Ich heiße … Jeg hedder …
Wie geht's? Hvordan går det?
Gut. Und wie geht es dir? Fint! Og hvordan går det med dig?
Wie viel Uhr ist es? Hvad er klokken?
Es ist drei Uhr. Klokken er tre.
halb/viertel vor halv/kvart i
zehn Minuten nach ti minutter over

Unterwegs

Wo kann ich das Auto parken? Hvor kan jeg parkere bilen?
Wo finde ich …? Hvor er … ?
Wo fährt der Bus/die (S-)Bahn ab? Hvor går bussen/(S-)toget fra?

Notfall

Können Sie mir bitte helfen? Kan du hjælpe mig?
Ich brauche einen Arzt. Jeg har brug for en læge.
Hier tut es weh. Jeg har smerter her.

Übernachten

Haben Sie ein Zimmer mit Frühstück? Har Du et værelse med morgenmad?
Kann ich mit (dieser) Kreditkarte bezahlen? Kan jeg betale med (dette) kreditkort

Einkaufen

Wie viel kostet …? Hvor meget koster …?
Wann öffnet/schließt …? Hvornår åbner/lukker …?
Nehmen Sie Kreditkarten? Tager Du kreditkort?

Kulinarisches Lexikon

Allgemeines

ad libitum	›nach Belieben‹, eine kulinarische Flatrate
bagt	gebacken
dagens ret	Tagesgericht
dampet	gedämpft
egnsretter	regionale Gerichte
frisk	frisch
fyldt	gefüllt
gammeldags	traditionell(e)
gennem	durch
husets (vin)	Hauswein
hvidvinsdampet	in Weißwein gedämpft/gekocht
kæmpe	große Portionen
kæmpe burger	Riesenhamburger
kæmpe muslinger	große Muscheln
kolde retter	kalte Gerichte
lune retter	lauwarme Gerichte
rå	roh
røget	geräuchert
smørstegt	in Butter gebraten
stegt	gebraten
torve-/fra torvet	frisch vom Markt
fra panden	aus der Pfanne
fra grillen	vom Grill
varme retter	heiße Gerichte
vegetar	vegetarisch
krydderier	Kräuter
hvidløg	Knoblauch
salt	Salz
peber	Pfeffer
eddike	Essig
olie	Öl
sennep	Senf

Frühstück (morgenmad)

flute	Baguette
franskbrød	Weißbrot
ost	Käse
rullepølse	Presswurst aus Bauchspeck
rundstykke	Brötchen mit Mohn
røræg	Rührei
skinke	Schinken
smør	Butter
spanske	Brötchen ohne Mohn
spegepølse	Pökelwurst (oft erschreckend rot)
tebirkes	süßes Blätterteiggebäck mit Mohn

Mittagskarte (Frokostkort)

fiskefrikadeller	Fischfrikadellen
frokostanretning	Lunchplatte
håndmadder	Schnittchen
jomfruhummer	Königsgarnelen
landgangsbrød	belegtes Baguette
(fjord)rejer	Krabben
pil selv	zum Selberpulen
pillede	gepulte
rogn	Rogen
røget torskrogn	geräucherter Dorschrogen
stenbiderrogn	Seehasenrogen (dän. Kaviar)
sild	Hering
carry –	in Curry-Sauce
krydder –	in Kräuterlake
marrineret –	mariniert
stegt –	in Butter gebraten
sildeanretning	Heringsplatte
smørrebrød	belegte Brote

Fisch und Meeresfrüchte

fisk(eretter)	Fisch(gerichte)
(blå-)muslinger	(Mies-)Muscheln
blæksprutte	Calamaris
fjordlaks	Fjordlachs (Zucht)
fjæsing	Petermännchen
havkat	Seewolf
havtaske	Seeteufel/Angler
havørred	Meerforelle (lachsähnlich)
hellefisk	Schwarzer Heilbutt
helleflynder	Heilbutt
kammusling	Kammmuscheln/Jakobsmuscheln
kuller	Schellfisch
makrel	Makrele
pighvar	Steinbutt
pighaj	Dornhaj
rejecocktail	Krabbencocktail
rødspætte(filet)	Scholle(nfilet)
rødfisk	Rotbarsch

stenbider	Seehase
søtunge	Seezunge
torsk	Dorsch
sej	Seelachs
ål	Aal
østers	Austern
østersølaks	Ostseelachs (Wildfang)

Fleisch und Geflügel

fjerkræ	Geflügel
hønsesalat	Hühnersalat
kylling(ebryst)	Hähnchen(brust)
kød(retter)	Fleisch(gerichte)
dansk bøf	s. hakkebøf
engelsk bøf	Rumpsteak
entrecôte	marmoriertes Rindersteak
fransk bøf	kurzgebratenes Rindersteak vom Filet
frikadelle	Frikadelle
hakkebøf	Hacksteak (Rind)
hamburgerryg	Kassler
mørbrad	Schweinefilet

Gemüse und Beilagen

grøntsager	Gemüse
gulerødder	Karotten
peberfrugt	Paprika
rødkål	Rotkohl
salat(bord)	Salat(büfett)
svampe	Pilze
tilbehør	Beilagen
kartofler	Kartoffeln
bagt kartoffel	Backkartoffel
flødestuvede k.	Bechamelkartoffeln
hvide kartofler	Salzkartoffeln
stegte kartofler	Bratkartoffeln
nudler	Nudeln
ris	Reis
surt	saure Beilagen (Rote Beete, Gurken)

Kindergerichte

børnetallerken	Kinderteller
fiskefilet	Fischfilet
frikadeller	Frikadellen
pølser	Würstchen (Pl.)
vanilleis m/syltetøj	Vanilleeis mit Erdbeersauce

Nachspeisen

desserter	Desserts
is	Eis
rødgrød	Rote Grütze
æblekage	Apfelkompott (wörtl. Apfelkuchen)
oste(tallerken)	Käse(teller)
Danbo	beliebter Schnittkäse
gammel ost	alter, gereifter Käse
gårdoste	Bauernkäse aus privater Herstellung

Kaffee und Kuchen

kage	Kuchen
flødeskum	Schlagsahne
kaffefløde	Kaffeesahne
lagkage	Schichttorte
(små)kager	Gebäck
tærte	(Frucht-)Torte

Getränke

dansk vand	Mineralwasser (mit Kohlensäure)
hyldebær (saft)	Holunderbeeren(saft)
hyldeblomst (saft)	Holunderblüten(saft)
kildevand	Quellwasser (stilles Wasser)
øl	Bier
vin (hvid/rød)	Wein (Rot-/Weiß-)
saft (oft juice)	Saft
snaps (akvavit)	Schnaps (Aquavit)
vand	Wasser

Typisches

biksemad m/spejlæg og surt	Traditionell ein Restessen mit Fleisch, Kartoffeln, Spiegelei und sauren Beilagen
Christiansø Sild	Heringsdelikatesse in Kräuterlake
dansk bøf m/bløde løg	Hacksteak mit geschmorten Zwiebeln
dyrlægens natmad	Graubrot mit Butter darauf Leberpastete, mit Äpfel, Zwiebeln, Thymian zubereitetes Schweineschmalz, eine Scheibe ›sky‹, Gewürzaspik, Salzfleisch, Zwiebelringe und frischer Dill
flæskesteg med sprød svær	Schweinebraten mit krosser Schwarte
røget ål med røræg	geräucherter Aal mit Rührei

Register

Das Klima im Blick

atmosfair

Reisen bereichert und verbindet Menschen und Kulturen. Wer reist, erzeugt auch CO_2. Der Flugverkehr trägt mit einem Anteil von bis zu 10 % zur globalen Erwärmung bei. Wer das Klima schützen will, sollte sich für eine schonendere Reiseform (z. B. die Bahn) entscheiden – oder die Projekte von *atmosfair* unterstützen. *Atmosfair* ist eine gemeinnützige Klimaschutzorganisation. Die Idee: Flugpassagiere spenden einen kilometerabhängigen Beitrag für die von ihnen verursachten Emissionen und finanzieren damit Projekte in Entwicklungsländern, die dort den Ausstoß von Klimagasen verringern helfen. Dazu berechnet man mit dem Emissionsrechner auf *www.atmosfair.de*, wie viel CO_2 der Flug produziert und was es kostet, eine vergleichbare Menge Klimagase einzusparen (z. B. Berlin–Kopenhagen – Berlin 9 €). *Atmosfair* garantiert die sorgfältige Verwendung Ihres Beitrags. Klar – auch der DuMont Reiseverlag fliegt mit *atmosfair!*

Unterwegs mit Hans Klüche

Hans Klüche lebte und arbeitete mehrere Jahre als Korrespondent für den Hörfunk in Kopenhagen. Er liebt die Stadt, kennt ihre letzten Winkel und hat viele ihrer Entwicklungen und Veränderungen hautnah erlebt. Besonders fasziniert ihn die Auferstehung des Hafens als Ort der Kultur und des Lifestyles zwischen maritimen, dänischen Traditionen und weltstädtischem Flair.

Als Autor und Fotograf arbeitete Hans Klüche an vielen Reiseführern und Bildbänden mit, u. a. schrieb er das ›DuMont Reise-Handbuch Dänemark‹, das ›DuMont Reise-Handbuch Neuseeland‹ und das ›DuMont Reise-Taschenbuch: Dänemark, Nordseeküste‹.

Abbildungsnachweis
Bildagentur Huber, Garmisch-Partenkirchen: S. 39 (Gräfenhain); 111 (Mezzanotte)
Istockphoto.com, Calgary: S. 90 (Couillaud); 55 (Lladó); 58 (Ploughmann); 86 (Potov); 98 (Shironosov)
Hans Klüche, Bielefeld: S. 4/5, 6, 9, 10/11, 26/27, 30, 53, 66, 67, 74, 84/85, 96, 107, 120
Laif, Köln: Titelbild, S. 42, Umschlagrückseite (Barth); 54, 93 (Carassale); 80 (Galli); 99 (Glaescher); 46, 72, 77 (hemis.fr); 88 (Hirsch); 83 (Kreuels); 70 (Langrock); 61 (Maisant); 50, (Pein), 37 (Rabouan); 102 (Redux); 104 (Siemers); 63 (Zanettini)
Look, München: S. 15 (age fotostock); 34 (Quadriga Images)
Mauritius, Mittenwald: S. 28 (Hillestrand)

Kartografie
DuMont Reisekartografie, Fürstenfeldbruck
© DuMont Reiseverlag, Ostfildern

Umschlagfoto
Titelbild: Segelboot am Nyhavn

Hinweis: Autor und Verlag haben alle Informationen mit größtmöglicher Sorgfalt geprüft. Gleichwohl sind Fehler nicht vollständig auszuschließen. Alle Angaben erfolgen ohne Gewähr. Bitte, schreiben Sie uns! Über Ihre Rückmeldung zum Buch und Verbesserungsvorschläge freuen sich Autor und Verlag: **DuMont Reiseverlag,** Postfach 3151, 73751 Ostfildern, info@dumontreise.de, www.dumontreise.de

3., aktualisierte Auflage 2016

Redaktion/Lektorat: Jutta Gay, Doreen Reeck
Grafisches Konzept: Groschwitz/Blachnierek, Hamburg
Printed in China

FSC
www.fsc.org
MIX
Papier aus verantwortungsvollen Quellen
FSC® C020056